確認問題付き！

今の基礎知識

すぐわかる・ジェロントロジー

ジェロントロジー検定試験 新公式テキスト

編著
一般社団法人 日本応用老年学会
検定委員会・改訂委員会

改訂版

老いも若きも共に生き、
共に育つための知識と学びを

一般社団法人日本応用老年学会理事長
新開 省二

　高齢まで現役で活躍した日本の多くの実業家も座右の銘としたと言われるサムエル・ウルマンの詩には、こんな一節が刻まれています。

　　「二十歳の青年よりも六十歳の人に青春がある。
　　　年を重ねただけで人は老いない。
　　　理想を失うとき初めて老いる」
　　（『青春』サムエル・ウルマン　作山宗久（訳）・角川文庫より一部抜粋）

　この詩が書かれたのは約100年前のこと。彼は78歳でこれを書いたとされていますが、現代の我が国に目を転ずれば、元気なシニアが社会の行方を左右する主役の世代になりつつあると言っても過言ではありません。自助、共助でお互いを支え合いながら、子育て世代とも、子どもたちとも、共に生き、共に日々を楽しむためには、元気シニアの知恵と力が不可欠なのは誰もがすでにわかっているのではないでしょうか。シニア自身が自分たちの知恵と力を役立てるためにも、また、シニアの知恵と力を引き出し、さまざまな社会システムづくりや産業づくりを進めるためにも、「ジェロントロジー（老年学）」の知識が欠かせません。長生きリスクなどという概念を捨て、シニアがたくさんいるからこそ数十年前のこの国よりもしなやかで温かくて、いい国になったと誰もが言える私たちの時代づくりに、「ジェロントロジー（老年学）」の知識をぜひ身につけてください。

　「ジェロントロジー（老年学）」は医療や介護、社会保障をはじめとし、高齢者の心と体、生活、地域づくりに必要な知識を学ぶ学問です。「少子高齢社会」の最前線を走る日本で、世代を超えて多くの人が支えあい、心豊かにいきいきとした人生を全うするためには、さまざまな分野の知識・技能がコラボレーションする必要があります。

　「ジェロントロジー検定試験」は人生百年時代、これからの自分の生き方や暮らし方を自分で選んだり、人の役に立ち社会を活性化したり、シニアの力をビジネスに活かしたりするために必要不可欠な情報を身につけられる検定試験です。さらに、各種の専門知識や資格を持っているのなら、ジェロントロジー検定の知識を上乗せすることが、これからの時代に即したアドバイスやサービス提供ができるワンランク上のプロフェッショナルな人材になるための道です。

ジェロントロジー検定試験
https://www.sag-j.org/kentei/index.html

老年学を実践の武器にするために

一般社団法人日本応用老年学会会長
柴田 博

　「ジェロントロジー（老年学）」は、今から100年前に生まれました。もっとも新しい学問といえます。新開理事長が紹介している、サムエル・ウルマンの詩が書かれた頃です。

　ご承知のとおり、ルネサンス以降、学問は急速に発展しました。しかし、学問の間の壁ができたり（タテ割り化）、ひたすら分析のみを追及する（タコ壺化）弊害が目立ってきました。

　老年学は、そのような弊害を克服し、総合的にものをみるための学問として誕生したのです。人間をみる場合にも、心と体を統合的にとらえることが大切なのです。

　この学問には、基礎、応用、実用の三段階があります。人間の心と体の加齢変化や高齢社会の実像を正しく認識することは基礎老年学といえます。それを、より具体的にとらえることは応用老年学です。さらに、それを高齢者向けのサービスや商品開発に活用していくのは実用老年学といえます。

　日本応用老年学会の行っている検定試験は、老年学を実用にも役立てることができる知識を身につけていただくためにスタートしました。企業やさまざまな団体で活動している方々に役立てていただくことはもちろんのことです。また、家庭内で高齢者と交流している方々、社会で互助の活動を行っている方々が基礎知識を身につけることも企図しています。

　若い方々が老年学を学ぶことは、社会に対する見識や自分の人生に対する備えを磨いていくためにも大いに役立ちます。

　このテキストは、学際的で多岐にわたる老年学の考え方と必須となる知識を、きわめてコンパクトにまとめております。世の中に出廻っている老年学のテキストは、医療、介護、政策など、一部分しか扱っていないのが常です。老年学の全貌を学べて、しかもコンパクトな本はありません。

　老年学のさまざまな分野を学び始める際の入門書としても役立てていただきたいとも考えております。

　高齢者や高齢社会にかかわっている人々が、すべて、検定試験に合格し、自信をもって日々の活動に専心されることを願っております。

検定委員長から

安藤 孝敏

　公式テキストは2019年6月に出版され、約4年が経過しました。この間においても、高齢化率は上昇し、高齢社会にかかわる制度や対応・対策なども変化しています。今回の改訂では、古くなった情報のアップデートに重きを置いて進めました。これらの作業の中で新しい動きや変化を取り入れる必要性を感じましたが、検定試験の内容に関する継続性を考慮して、部分的な改訂に止めました。多くの方々が検定試験に合格し、それぞれの活動や取り組みに活かしていただくことを願っております。

編著　一般社団法人 日本応用老年学会 検定委員会・改訂委員会

■検定委員会

委員長	安藤	孝敏	横浜国立大学大学院環境情報研究院 教授
委　員	柴田	博	桜美林大学 名誉教授、地方独立行政法人東京都健康長寿医療センター研究所 名誉所員
	新開	省二	女子栄養大学栄養学部地域保健・老年学研究室 教授
	石橋	智昭	公益財団法人ダイヤ高齢社会研究財団 研究部長
	長田	久雄	桜美林大学大学院国際学術研究科 特任教授
	藤原	佳典	地方独立行政法人東京都健康長寿医療センター研究所 副所長
	安藤富士子		愛知淑徳大学健康医療科学部 教授
	植木	章三	大阪体育大学 副学長・教育学部 教授
	権藤	恭之	大阪大学大学院人間科学研究科 教授
	佐藤	眞一	大阪大学 名誉教授、大阪府社会福祉事業団 特別顧問
	萩原真由美		株式会社社会保険出版社 顧問
	堀内	裕子	シニアライフデザイン 代表、桜美林大学老年学総合研究所 連携研究員
	渡辺修一郎		桜美林大学大学院国際学術研究科 教授
	小池	高史	摂南大学現代社会学部 准教授

■改訂委員会

委員長	安藤	孝敏	横浜国立大学大学院環境情報研究院 教授
委　員	新開	省二	女子栄養大学栄養学部地域保健・老年学研究室 教授
	佐藤	眞一	大阪大学 名誉教授、大阪府社会福祉事業団 特別顧問
	中谷	陽明	桜美林大学大学院国際学術研究科 教授
	渡辺修一郎		桜美林大学大学院国際学術研究科 教授
	伊香賀俊治		慶應義塾大学理工学部 教授
	小池	高史	摂南大学現代社会学部 准教授

■検定委員・改訂委員以外のご執筆・ご協力・一部ご監修の先生方

鈴木	隆雄	桜美林大学大学院国際学術研究科 特任教授
上田	博司	一般社団法人 アクティブエイジング協会 副代表理事
白澤	政和	国際医療福祉大学大学院 教授
八ツ井慶子		生活マネー相談室 代表　家計コンサルタント
会田	薫子	東京大学大学院 特任教授
高山	和仁	Endeavour FP Office 代表
平田	潤	桜美林大学 名誉教授
三村	泰広	公益財団法人豊田都市交通研究所研究部 次長

目次

すぐわかる！ ジェロントロジー

老いも若きも共に生き、共に育つための知識と学びを	2
老年学を実践の武器にするために	3
検定委員長から／検定委員会・改訂委員会・執筆者一覧	4

第1章 これからの高齢社会 　7

1 正しい高齢者像 …………………………………… 8
2 高齢化の推移 ……………………………………… 10
3 高齢者の経済力と消費力 ………………………… 12
4 高齢者の資産 ……………………………………… 14
5 金融老年学の世界 ………………………………… 16
6 高齢期の就業 ……………………………………… 18
7 ウェル・ビーイングの条件 ……………………… 20
8 老年学とは ………………………………………… 22
[第1章の確認問題] ………………………………… 24

第2章 高齢期の健康 　25

1 老化とは …………………………………………… 26
2 老年症候群とは …………………………………… 28
フレイルを防ごう！ ………………………………… 30
あなたのリスク度は？ フレイルチェック ……… 32
フレイルに近づいて、活動能力が低下していませんか？ ……… 33
3 高齢期の疾病 ……………………………………… 34
4 高齢期の心理 ……………………………………… 36
5 高齢期の感覚・知覚と知能 ……………………… 38
6 高齢期の認知症とうつ病 ………………………… 40
[第2章の確認問題] ………………………………… 42

第3章 高齢期の社会交流 　43

1 世代間の理解 ……………………………………… 44
2 高齢期の人間関係 ………………………………… 46
3 高齢期の地域参加 ………………………………… 48
4 地域デビュー ……………………………………… 50
5 高齢者と地域環境 ………………………………… 52
[第3章の確認問題] ………………………………… 54

第4章　老化予防・介護予防　　55

1　食生活 …………………………………………… 56
2　運動習慣 ………………………………………… 58
3　ストレスと休養 ………………………………… 60
4　お酒とタバコ …………………………………… 62
5　医療と保健 ……………………………………… 64
6　健康食品・サプリメント ……………………… 66
7　介護予防 ………………………………………… 68
8　低栄養の予防 …………………………………… 70
9　運動器の機能向上 ……………………………… 72
10　認知症やうつの予防 …………………………… 74
11　口腔ケア ………………………………………… 76
12　住まいと住まい方 ……………………………… 78
　　［第4章の確認問題］…………………………… 82

第5章　高齢期の安心・安全と社会保障　　83

1　居住環境 ………………………………………… 84
2　終活と終末期の備え …………………………… 86
3　保険 ……………………………………………… 88
4　日本の年金制度の概要 ………………………… 90
5　医療保険と医療費 ……………………………… 92
6　介護保険 ………………………………………… 94
7　高齢者虐待 ……………………………………… 96
8　悪質商法とは …………………………………… 98
9　振り込め詐欺 …………………………………… 100
10　高齢者の運転 …………………………………… 102
11　成年後見制度 …………………………………… 104
　　［第5章の確認問題］…………………………… 106

第6章　認知症高齢者にやさしい地域づくりのために　　107

1　認知症介護 ……………………………………… 108
2　地域での見守り ………………………………… 110
3　地域包括ケア …………………………………… 112
4　認知症と地域の課題 …………………………… 114
5　認知症の人を地域で支えるために …………… 116
　　［第6章の確認問題］…………………………… 118

［模擬問題］ ………………………………………… 119
索引 ………………………………………………… 121

※本書参考資料：『ジェロントロジー入門』（「生・活」知識検定試験公式テキスト）
　　　　NPO法人 生活・福祉環境づくり21・日本応用老年学会／編著 社会保険出版社／刊

第1章

これからの
高齢社会

1 正しい高齢者像

2 高齢化の推移

3 高齢者の経済力と消費力

4 高齢者の資産

5 金融老年学の世界

6 高齢期の就業

7 ウェル・ビーイングの条件

8 老年学とは

第6章

第5章

第4章

第3章

第2章

第1章

1 正しい高齢者像

学習の
ポイント

本格的な高齢社会を迎えるなか、高齢者へのイメージを刷新することが必要になっています。高齢社会において大きな力になるのは、高齢者自身の力です。

8割以上の高齢者は自立している

我が国では、高齢者というと、「弱者」「助けを必要とする者」というイメージが浸透している傾向があります。しかし、実際には、65歳以上の高齢者の8割は自立し、社会貢献ができるほどの能力を持っていることが、近年の研究から明らかになっています。

【図1-1】は、日本人の実態に合わせてつくられた高齢者の生活機能（老化度）の正規分布モデルです。生活機能の正規分布とは、「障害（要介護）」の人や、「虚弱（要支援）」の人の割合から、恵まれた高齢者や平均的高齢者といえる人がどのぐらいの割合で分布しているのかを見るためのものです。これを見ても、日常の生活機能に「障害（要介護）」がある人はわずか5％で、部分的にサポートが必要な「虚弱（要支援）」の人が15％と、両方合わせても全体の20％にすぎません。

実際に、現在の日本の「要介護」と「要

【図1-1】高齢者の生活機能（老化度）の分布モデル

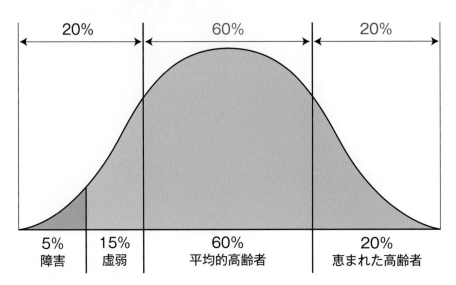

※1980年のシュロックのモデルを日本に合わせてアレンジ

出典：柴田博『生涯現役スーパー老人の秘密』技術評論社 2006

支援」認定者の合計はおおよそ15％から20％程度です。申請していない人もいますが、残りの80％の高齢者は自立していると考えられます。高齢者のほとんどは弱者で、助けを必要としているというイメージと現実との間には、大きなズレがあるのです。

これからは、これらの人々が社会に貢献する大きな力となるでしょう。それが本格的高齢社会を心豊かに、そして人間味あふれる社会にしてゆく礎となります。

社会へのかかわりが生活満足度を高める

高齢者が一方的にサポートを与えられるばかりでは精神的な満足度を高めることはできません。サポートを受けることと与えることのバランスが大切です。

【図1-2】は、高齢者の生活満足度の変化について、３年間にわたって調べた研究の結果です。主観的幸福感とは、生活満足度や抑うつ状態の有無などから見る健康指標の一つです。主観的幸福感が高いと、生活の質（QOL）が高まります。

結果を見ると、サポートを受ける以上に、提供することが生活満足度を高めていました。自立している高齢者には、社会に向けてサポートを提供する力が十分にあるのです。

言い換えれば、高齢社会において大きな力になるのが、高齢者自身の社会へのかかわり、つまり、サポートの提供力であるということがわかります。

【図1-2】3年後の主観的幸福感への要因

日本の代表的高齢サンプルの縦断研究（JAHEAD）

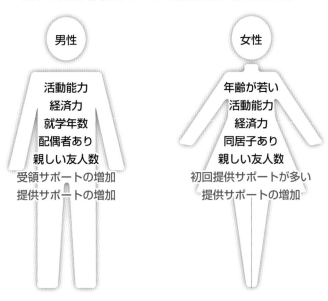

男性
活動能力
経済力
就学年数
配偶者あり
親しい友人数
受領サポートの増加
提供サポートの増加

女性
年齢が若い
活動能力
経済力
同居子あり
親しい友人数
初回提供サポートが多い
提供サポートの増加

出典：金恵京ほか『日本公衆衛生雑誌』46巻532頁 1999

2 ｜ 高齢化の推移

高齢化社会から、高齢社会へ。この変化の意味を理解し、世界の中の日本という視点から、人口変動の行方を知っておきましょう。

「少死」と「少産」が同時に進行

人口学的には、総人口の中の65歳以上の高齢者の割合が大きくなることを高齢化といい、高齢者人口が全人口の7％以上になると「高齢化社会」、14％以上になると「高齢社会」と呼びます。そして現在は、すでに65歳以上の高齢者人口の割合が29.0％となり、3.4人に1人が65歳以上の高齢者、6.6人に1人が75歳以上という「本格的な高齢社会」に突入しています。

これは、平均寿命が延びることのみでは起こりません。出生率の低下（少産）も相まって、人口の高齢化が起こります。

我が国の平均寿命は、男女ともに世界の上位にありますが、その我が国も、半世紀あまり前までは短命国でした。

ある年齢の人が、その後生存するであろうと思われる年数の平均を「平均余命」といい、「平均寿命」は現在0歳の人が平均何歳まで生存するかをいいますから、つまり0歳からの余命のことです。

人類が初めて平均寿命50歳の壁を破ったのは、20世紀の初めです。ニュージーランド、オーストラリア、ヨーロッパの先進国、アメリカ合衆国などが、次々に平均寿命50歳を超えていきました。しかし、その当時まだ日本の平均寿命は30歳代後半に低迷していました。動物性食品や油脂の不足した日本人の栄養状態が短命の原因でした。

第二次世界大戦後、米と食塩の摂取が減少し、乳類や肉類の摂取が増加するにつれ、日本人の平均寿命は驚異的に延伸しました。そして食生活の改善は、1965年以降になると脳血管疾患による死亡率を低下させ、1980年にはついに世界一の長寿国となったのです。

高齢化はグローバルな問題

今後人口が増加していくのは、ほとんどが開発途上国です。先進国の人口は増加しないと予測されており、日本のように減少に転ずる国もあります。開発途上国は産業の近代化が遅れているぶん、その国の人口が労働力そのものであり、乳児死亡率も高いため出生数を高く維持しなければならなくなります。インドなどは産業が近代化するにつれ、人口増加の勢いが弱まってきています。

開発途上国の産業の近代化が進むにつれ、人口の絶対数の増加は緩やかになりますが、それだけ高齢化は進むようになります。

【図1-3】は過去、現在、未来の高齢人口の分布を示しています。2060年を見ると、先進地域の高齢人口割合は約30%、これに対して開発途上地域は約17%と、先進地域のほうが高率であることは確か

です。しかし、実数に注目すると、実に、高齢人口の約8割は開発途上地域で生活することになります。

このように、先進国の問題としてよりも、インフラ整備の進んでいない開発途上国における深刻な問題として、人口の高齢化が論議を集めています。まさに人口高齢化はグローバルな問題です。

【図1-3】高齢者人口と高齢化率の動向

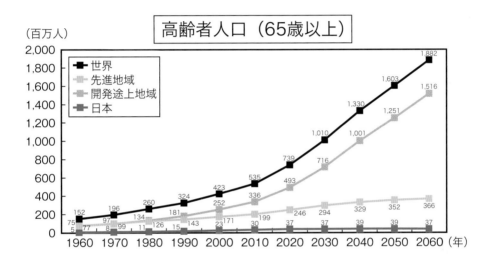

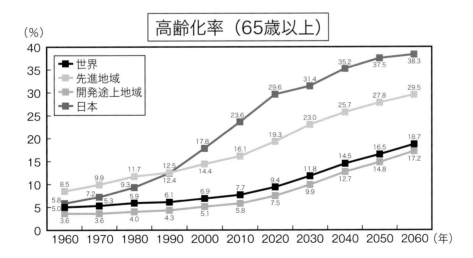

出典：UN. World Population Prospects 2022より作成

3　高齢者の経済力と消費力

今後の国内市場の動向を握る大きな要素ともいえる高齢世代の経済力と消費力。これからのシニアマーケットの意味をここで再確認しておきましょう。

高齢者の貯蓄状況

日本の高齢者の貯蓄額はどの程度なのでしょうか。【図1-4】は、世帯主の年齢階級別にみた1世帯当たりの貯蓄状況を示しています。貯蓄全体では年齢が上がるにつれて高まっていき、60歳代で最も多くの貯蓄を有していることがわかります。有価証券のみでみても、60歳以上の年齢層で最も高くなっています。金融資産全体の6割以上を60歳以上の世代が保有し

ているともいわれています。

若い世代よりも高齢の世帯のほうが長い期間にわたって資産形成を行ってきたわけですので、当然の結果だともいえます。また、若い世代の人は、普通預金のような流動性の高い資産を持っていることが多く、年齢が上がるにつれて流動性資産の割合は下がっていき有価証券の割合が上がっていく傾向があります。

【図1-4】世帯主の年齢階級にみた貯蓄状況 (平均値：単位千円)

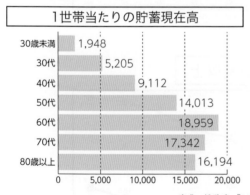

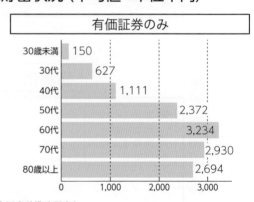

出典：総務省『2019年全国家計構造調査』

高齢者の経済力

高齢者は貯蓄や資産は多いけれど所得は少ないと考えがちです。【図1-5】に示したように全世帯の平均より高齢者世帯のほうが総所得は少なくなっています。し

かし、高齢者世帯では住宅ローンを払い終え、子どもの養育も終えているのが一般的です。持ち家率も高齢者世帯のほうが高く、家賃負担も軽くなっています。

このようなことを考慮すると、一見高齢者世帯の所得は少ないようですが、実質の経済力はかえって高いかもしれません。

とはいえ、一般世帯より高齢者間の所得格差が大きいのも事実です。近年、経済格差が拡大してきた要因の一つに高齢化があることも指摘されています。今後の大きな課題ではありますが、いずれにせよ、年金制度の確立した先進国においては、高齢者の経済力はかなり大きいものです。このような高齢者をなぜ自分たちが支えなければならないのかという若い世代の不満も一部にあります。ワークシェアリングを含め世代間の経済力のバランスをどのように図っていくのか、高齢社会を運営していく上で大きな課題の一つです。

【図1-5】世帯主の年齢階級別にみた平均所得金額

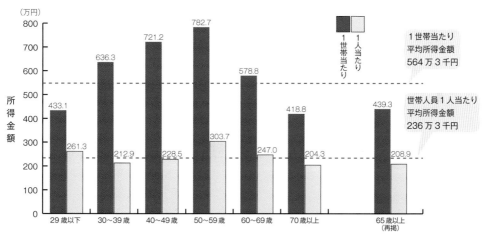

出典：厚生労働省『国民生活基礎調査』令和3年

高齢者層の消費支出は全体の約半分を占めるまでに拡大

内閣府「日本経済2015-2016」によると、2000年以降、60歳以上の高齢者世帯の消費支出は右肩上がりで、個人消費全体の約半分を占めるまでになっています。

少子高齢化が進む中、高齢者層が日本経済に与える影響は増加する一方です。以前に比べて消費や就業などの経済活動に積極的であることが、消費支出の拡大につながっていると考えられますが、所得・資産状況や健康状態などの個人差が大きいことに留意する必要があると、同書は記しています。

〈年齢階層別にみた消費支出シェア〉

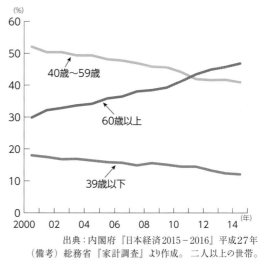

出典：内閣府『日本経済2015-2016』平成27年
（備考）総務省『家計調査』より作成。二人以上の世帯。

4 高齢者の資産

学習の
ポイント

日本の個人金融資産の多くは高齢者が保有し、高齢者の経済を支える重要な「柱」です。一方長寿社会を迎えて、「資産の寿命」も延ばす必要があり、資産の適切な管理や運用が一層求められています。

高齢者の金融資産

　第１章の３で「高齢者の経済力と消費力」のカギとして、所得・資産に注目しました。高齢者は若年層に比べ、多くの金融資産を保有しています。【図1-6】は、総世帯で見た、世帯主の年齢階級別「一世帯当たりの金融資産・負債残高（平均値）」ですが、資産額は年齢が上がるにつれて高まり、60歳代でピークとなります。そして純資産額（資産残高−負債残高）を見ても、80歳以上世帯で1,500万円以上の純資産を維持しており、50歳代の純資産額（822万円）を大きく上回っています。

【図1-6】世帯主の年齢階級別金融資産残高及び金融負債残高（総世帯）

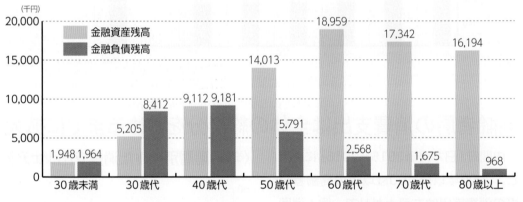

出典：総務省統計局『2019年全国家計構造調査』

高齢者金融資産の内訳（ポートフォリオ）

　金融資産には預貯金をはじめ、生命保険、有価証券（株式など）が含まれます。リスク（一般的に「危険」の意味ですが、金融ではとくに「将来の不確実性」が強調されます）の観点からは、預貯金等の元利金が保証される「安全資産」と、価値が常時変動する株式等の「リスク資産」に分類されます。日本の高齢者が保有する金融資産の内訳（ポートフォリオ）は、次の特色があります。

①欧米各国（とくに米国）の高齢者ポートフォリオと比べて日本では預貯金（安

全資産）の比率がかなり高い

②一方、有価証券のようなハイリスク・ハイリターンなリスク資産の保有は日本では高齢者が多い

30歳未満が保有する資産で有価証券比率は7.7％に過ぎませんが、60歳以上では、16～17％を占めています。

金融資産の管理・運用

高齢期では、所得が減るなかで保有資産を有効に使い、老後を豊かに暮らしたいと思う人が多くなってきます。そこで金融資産を管理・運用しつつ、適切なペースで資産を取り崩す（使用する）必要があります。一方、保有する金融資産のうち、株式等は「リスク資産」であり、その運用で損失を被る可能性もあります。

さらに高齢者は、加齢に伴い金融行動や認知機能が衰え、低下するリスクや、詐欺の被害に遭ったり、不適切な取引に勧誘されて損失を被るリスクなどに直面します。多発する「振り込め・オレオレ詐欺」ばかりでなく、金融商品に関連する詐欺の被害者の多くは、高齢者であることが知られています。

資産の寿命を延ばす

2021年の日本人の平均寿命は、コロナ禍で悪化したものの男性81.5歳（世界3位）、女性87.6歳（世界1位）と世界でも有数の長寿大国です。一方で、平均寿命（生命寿命）が延びるなか、人々の「健康寿命」や「資産寿命」を如何にして延ばしていくかが、大きな課題となってきました。「健康寿命」とは「日常生活に制限なく暮らせる期間」ですが、「資産寿命」とは「生命寿命に対応し、高齢者の生活を支えるに足る資産

が存在している年数・期間」です。現在、この「資産寿命」が「生命寿命」に届かない（金融庁「高齢社会における金融サービスのあり方（2018年）」）という不安があります【図1-7】。そこで、①適切な管理・運用により資産寿命を延ばすと共に、②非常にリスクの高い金融商品への投資は慎重かつ限定的とし、③一方で過度な不安や節約志向に陥らず、効果的な資産の取り崩しを行うなどが求められます。

【図1-7】高齢期に重要となる3つの寿命

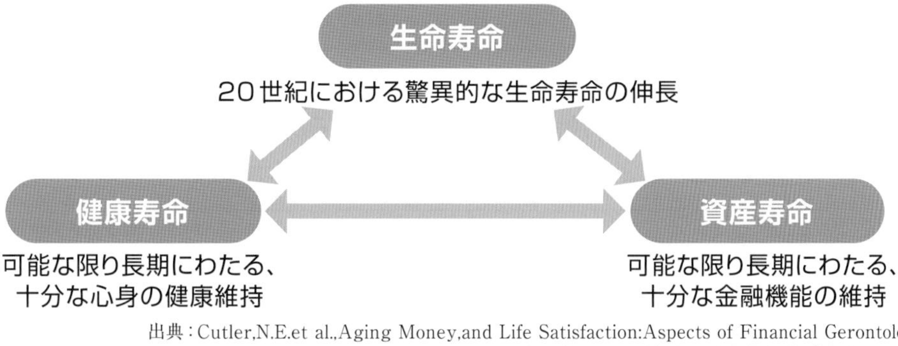

生命寿命
20世紀における驚異的な生命寿命の伸長

健康寿命
可能な限り長期にわたる、十分な心身の健康維持

資産寿命
可能な限り長期にわたる、十分な金融機能の維持

出典：Cutler,N.E.et al.,Aging Money,and Life Satisfaction:Aspects of Financial Gerontology,1992
野村資本市場研究所作成　清家篤編著『金融ジェロントロジー』

5 金融老年学の世界

学習の ポイント 高齢者の暮らしを経済面から展望し、支援するためには、高齢者の金融行動や金融取引面の問題や課題を正しく認識し取り組むことが不可欠です。そのため新しい「金融老年学」という学問領域が注目されています。

金融老年学（ファイナンシャル・ジェロントロジー）とは

第1章の4「高齢者の資産」で、高齢者の認知機能及び能力低下に伴う管理・運用の問題や、生命寿命と資産寿命のミスマッチという課題を述べました。そして現在これまでの高齢者向け金融サービスの在り方に改善・変革が求められています。こうした課題に正面から取り組むのが「金融老年学（ファイナンシャル・ジェロントロジー）」です。【図1-8】が示すように、米国で始まった、経済学（行動経済学）と老年学、そして脳神経科学・心理学・認知科学等が応用される、学際的な内容です。具体的には、①高齢者の認知・心理・行動を詳しく分析して、②①が高齢者のさまざまな金融行動（資産管理・選択）に及ぼす影響を捉え、③高齢者への的確な金融サービス・支援等に活用していく、という最新の学問です。

【図1-8】「金融老年学」の登場
Financial Gerontology（米国発）

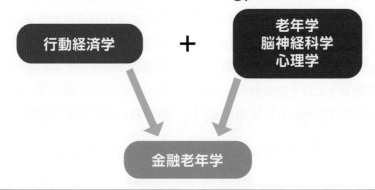

出典：駒村康平編『エッセンシャル金融ジェロントロジー』慶應義塾大学出版会2019

高齢者にみられる傾向と直面するリスク

現在の金融老年学によれば、高齢者について、Ⓐ認知・判断機能低下による資産管理・運用能力の衰えや、様々な「バイアス」の拡大傾向、Ⓑ金融リテラシー（理解度）能力の低下リスク、Ⓒ高齢者の生活・消費行動で直面する諸リスクとセーフティネットの課題、などが指摘されています。

Ⓐでは高齢者人口が増大するにつれ、認知症の患者数も増大しており、厚生労働省によれば2020年では約600万人に達しているとされます。こうした認知症の人が保有する金融資産について、適切な管理が課題となります。各種後見制度や後見制度支援信託などの活用、介護等と連携した丁寧な支援サービスのニーズが高まっています。

また、高齢者の認知・金融行動では、【図1-9】の各種「バイアス」が指摘されます。

Ⓑ金融リテラシーとは、「金融に関する知識や情報を正しく理解し、自らが主体的に判断できる能力」を指しますが、一般的に加齢と共に十分ではなくなる可能性が指摘されています。

さらにⒸについては、医療・介護費用の負担、特殊詐欺被害の発生や消費行動でのトラブル、さまざまな経済変動のリスク、老後不安と過度な節約志向の現れなど、高齢者の諸リスクに対するセーフティネットの拡充、危機予防・危機管理の課題としてますます重要になってきました。

【図1-9】高齢者の傾向とバイアス

- 自信過剰バイアス（知識・能力・判断力・金融リテラシーを過大評価する）
- フレーミング効果（表現方法が異なると真逆の選択をするなど、経験や直感に依存して判断しがち）
- 選択肢の削減（情報処理能力低下により、若年者の半分程度の選択肢で満足）
- 保有効果（一度保有したものを手放したくない）
- ポジティブ情報選好（リスクのようなネガティブな情報を避ける）
- 振り返り経験依存（将来展望より過去の視点重視、意思決定のタイミングが遅れ易い）

出典：駒村康平編『エッセンシャル金融ジェロントロジー』慶應義塾大学出版会 2019

高齢社会における金融サービス

金融庁は「高齢社会における金融サービスの在り方（2018年）」で、今後の検討の視点として、①就労・積立・運用による所得形成、②資産の有効活用・取り崩し、③長生きへの備え・資産承継、④高齢者が安心して資産の有効活用を行うための環境整備、を挙げています。「資産寿命」を延ばして健康長寿な「マネーライフ」を実現するなど、「金融老年学」を活用し、人生100年時代に対応する「金融サービス」が求められています。

6 高齢期の就業

学習の
ポイント 高齢者の労働力も今後ますます重要になってきます。働き続けることは、社会貢献になるだけでなく高齢者が健康を維持することにもつながることを理解しましょう。

元気に働き続ける

労働人口の減少が危惧されるなか、多くの高齢者に働き続けてもらうことが求められるようになってきました。【図1-10】から見てとれるように、もともと我が国の高齢者の就業率は他国に比べて高いという特徴があります。

【図1-10】高齢者の就業率の国際比較

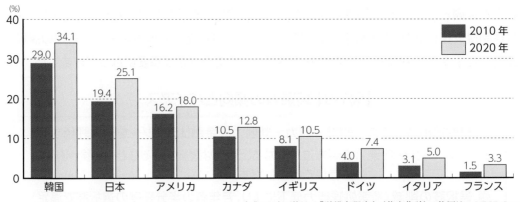

出典：日本の値は、『労働力調査』（基本集計）、他国は、OECD.Stat

働き続けることは、社会貢献になるだけでなく高齢者が健康を維持することにもつながります。【図1-11】は東京都の高齢者を調査した結果ですが、働いていた人と働いていない人で、８年後に食事や排せつ、歩行などの基本的な日常生活にかかわる能力に障害が発生したかどうかを示しています。これをみると、特に男性で働いていた方がその後も健康を維持できていたことがわかります。

高齢期の多様な働き方

高齢期の働き方には、正社員での雇用継続、自営業の継続、パートやアルバイトでの就業だけでなく、多様な働き方が考えられます。高齢者に「生きがい就業」の場を提供するシルバー人材センターには、現在全国で約70万人の会員がおり、多くの高齢者が自分の都合に合わせて臨時的・短期的な作業を担っています。シルバー

人材センターに入会する人の動機では、「経済的な理由」よりも「健康維持」や「生きがい・やりがい」が多くなっています。

　就業とは異なりますが、ボランティアという形で社会貢献活動に取り組む人もいます。近年では、NPO法人などを立ち上げ、地域の活性化とまちづくりを目的とする、地域の特性を生かしたビジネスであるコミュニティビジネスへの注目が集まっていますが、このような例も高齢期の就業の場・社会貢献の場となっています。

　定年後も、「毎日が休日」より、「もうしばらく働きたい」「生きがいのために活動を続けたい」と思う人が大勢います。一方、労働人口が減っていく今、高齢者・若年者・女性・外国人や障害を持った人も含めた新たな労働人口の掘り起こしも社会からの要求となっています。各人が持つ専門性や能力、あるいは職業観、意欲に見合った多様な働き方ができる新しい社会の形が求められているのです。

　特に、高齢者は人生経験が豊富で、知識や知恵を持った"人財"です。これからの「役割」と「居場所」を、高齢者自らが考えるとともに、社会全体として創造していくことが重要になっていくでしょう。

【図1-11】就業状態別の8年後の自立維持者率

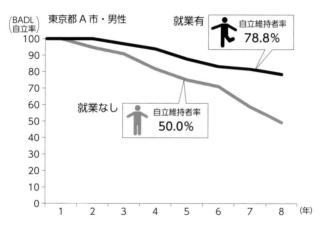

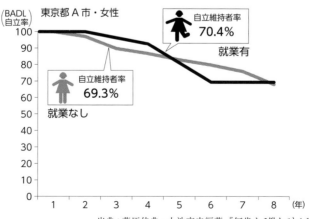

出典：藤原佳典・小池高史編著『何歳まで働くべきか?』社会保険出版社2016

7　ウェル・ビーイングの条件

幸せな高齢社会を築くキーワードが「ウェル・ビーイング」です。「ウェル・ビーイング」という言葉が意味するところと、そのための3つの条件を知りましょう。

「長寿」「QOLの向上」「社会貢献」

よい年のとり方をして天寿を全うすることを意味する用語はさまざまありますが、最も広い意味を持つキーワードが、ウェル・ビーイング (well-being) です。

辞書で調べてみると、well-being (ウェル・ビーイング) とは、「幸福・福祉・安寧・繁栄」であると書かれています。「よりよく生きる」こと、「自分らしく生きる」ことという解釈を目にすることもあります。要するに、誰もが自分なりに心身ともに安寧で、自分なりに幸福であると感じながら、社会の中で生きていけること、それがウェル・ビーイングです。

よい人生を送り、天寿を全うするためには、何が大切かを考えたとき、その答えは、時代によって変化してきました。まだ平均寿命が欧米に及ばなかった第二次世界大戦直後からしばらくは、もっぱら、成人 (老人) 病を予防して「寿命を延ばす」ことが目標でした。それが一応達成されると、生命の質ともいえる生活の質「QOL」の向上が課題となりました。QOLはQuality of Life (クオリティー・オブ・ライフ) の略で、人々の生活を物質的な面からのみとらえるのではなく、精神的な豊かさや主観的幸福感も含めて

とらえる考え方で、医療や福祉の分野で重視されるようになりました。そして今、高齢者人口が増え、高齢者の能力が向上するにつれ、高齢者の「社会貢献」が大切な要素となってきています。

この意味で、ウェル・ビーイングの条件としては、下に示す3つが挙げられます。「長寿」で「QOL」が高ければ高齢者自身のウェル・ビーイング (あるいは、天寿を全うできるよい老後) としては、十分だと考えられていた時代もありました。しかし、最近では、高齢者の「社会貢献」こそ同世代や異世代を支える力となり、高齢者自身のウェル・ビーイングを高めるためにも重要であることが強く認識されてきています。

これからの高齢社会を温かく幸せな社

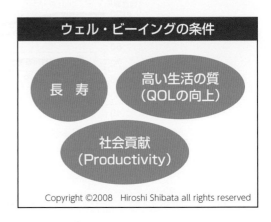

会にするためには、高齢者の社会貢献活動がなくてはならず、またそれがこれからの人生の時間をウェル・ビーイングに

生きていくための手段となることを、高齢者自らが一人ひとり認識していくことが重要です。

社会貢献（プロダクティビティ）の意味

　我が国のみならず、共通の概念として、高齢者は社会からサポートされるのではなく、社会に資する存在であるという考え方に、今、世界は立っています。大なり小なり社会に貢献しながら生きてゆく、このような年の重ね方をプロダクティブ・エイジングと呼んでいます。本来プロダクティビティとは生産性という意味ですが、ウェル・ビーイングの観点に立てば、【表1-1】のような労働や活動で社会に資する役割という意味です。

　社会貢献の中には有償労働も含まれますが、その能力と意欲を持って生活の中の労働力になることも大切です。無償であっても、家事や家庭菜園などのほか、最近では家族介護も大切な労働です。

　ボランティア活動には、国内外のボラ

ンティア活動から、同世代を支える相互扶助活動、子育て支援や食育などの若い世代へのサポートも含まれます。高齢者ならではの知恵を授ける情緒的サポートは、若い人々にはできないことでもあります。

　また【表1-1】を見ると、保健行動（セルフ・ケア）が社会貢献に入っています。これは、一人ひとりがきちんとセルフ・ケアを心掛けながら健康でいることが医療費や介護費用を抑制するとともに、人として健全に生きる姿を周囲に示すことそのものが社会の役に立つという考え方からきています。

　ここに挙げた社会貢献の内容に優劣はありません。一つを行える人は、ほかのことも行えるものと考えられています。

【表1-1】高齢者の社会貢献（プロダクティビティ）の内容

▓ 有償労働（自営や専門的仕事）
▓ 無償労働（家庭菜園、家事など）
▓ ボランティア活動
▓ 相互扶助
▓ 保健行動（Self-care）

出典：柴田博『中高年健康常識を疑う』講談社選書メチエ 2003

8　老年学とは

これからの社会を築くには、老いることのポジティブな意味を広い視野でとらえた、新しい老年学が必要です。老年学について知っておきましょう。

老年学が目指すもの

　老年学（ジェロントロジー）は人口学とともに最も新しい学際的な学問です。学際的とは、さまざまな学問が協力し合うことを意味し、学問の壁を取り払うという意味でもあります。

　ギリシャ時代には学問の上に立つ概念として「哲学」があり、その傘の下に個別の学問が属していました。今でも医学以外の博士をPh.D.（Doctor of Philosophy）と呼ぶのは、この伝統によるものです。言い換えれば、哲学の下にそれぞれの学問は相互に関連しながら、人間というものを見つめていたのです。

　しかし、近代科学がスタートすると、学問は個別の科学として縦割りに進歩し始め、現在に至っています。心身を総合的に把握しようとする心身医学や健康心理学など、再び学問分野が連携し始めたのはつい最近のことです。老年学は、このような諸領域の再統合を図る学問の先駆的役割を担って登場した学問です。

　1903年、後にヨーグルトの乳酸菌の働きに注目してノーベル賞を受賞したメチニコフにより、ジェロントロジー（gerontology）という言葉が創られました。ギリシャ語のgeronを語源とする「geront(o)」（老齢）に学問を意味する「logy」が合わさってこの用語ができたのです。日本語では「老年学」と訳されています。

　一人の人間の健康や幸福はもちろん、社会全体の健康や幸福も、縦割りで別々の学問の視点からだけでは探ることができません。身体科学も心理学も社会学や経済学も、すべてを視野に入れた、まさに学際的な視野が必要です。老年学が目指しているのは、下に挙げたような課題に取り組むことを通して、高齢社会をうまく営み、そこに生活する人々の健康と幸せのための提言をしていくことです。

老年学の課題

①加齢の科学的な研究
②中高年の問題に関する科学的研究
③人文学の見地からの研究（歴史、哲学、宗教、文学）
④成人や高齢者に役立つ知識の応用
⑤世代間問題の研究

人格と能力は生涯発達するもの

1903年に老年学が生まれ、その後半世紀くらいは、もっぱら、身体的な老化の研究が進みました。体の局所である器官、組織、細胞と、さまざまなパーツが老化によって劣化していくことを解明し、老化によりパーツが劣化するなら、その総和としての人間全体も劣化すると考えていたのです。

しかし、やがて、人間には老化によって喪失するもののみではなく、獲得するものもあることが明らかにされてきました。これが人の心や知恵に目を向けた「生涯発達理論」です。

1900年代も後半になると、心理・行動学の分野から、さまざまな生涯発達理論が展開されてきましたが、人としての「人格」の発達を説いたのが、アメリカの心理学者エリック・エリクソンです。彼は、人生を8つのライフサイクルに分け、それぞれの時期に成長するための課題と危機があり、危機をうまく乗り越えたとき、人生において大事なものを一つひとつ体得しながら、子どもから成人に、成人から老人になっていくと言いました。

この意味で、老人は、一つひとつ得てきたものを積み重ねた上に生きている存在です。たとえ身体機能が低下し、友や配偶者を失って絶望的になっても、これまでの経験と知恵のすべてを統合すれば、それを乗り越えられる英知がわく、それが老人だというわけです。

さらに、この生涯発達理論には、エリクソン亡き後、夫人が書き加えた第9ステージがあります。80歳代以降の高齢期まで生きてきた人には、何ごとに関しても一喜一憂しない超越的視点（老年的超越）が生まれるというものです。喜びも、怒りも、生きている楽しみ。そんな超越的な心が育つ年齢こそ、人生で一番奥が深いことを老年学は教えてくれています。

また、人間の生涯発達を「能力」の面から研究したのがポール・バルテスです。彼は、人の能力は生涯発達するという研究を進めた第一人者で、老化による喪失を受容しながら、それを補って余りある発達を追求しました。彼は名ピアニスト、ルービンシュタインを例にとり、加齢とともになぜ演奏が円熟してくるのかを次のように解明しています。

ルービンシュタインは、年とともに失われる指の俊敏性を演奏のテンポに強弱をつけて速いパートが際立つ演奏法で補い、さらに演奏の曲目を減らして1曲の練習時間を増やし、弱点をカバーしました。こうして、より円熟した演奏の質を確保したと指摘したのです。これが、能力を生涯発達させていく大人の英知なのです。

老化は"老いぼれ"になること。そんな考え方を打ち破り、老いとともに備わる"円熟"の魅力を解き明かしてくれたのが「生涯発達」という概念です。

下に述べられていることの正誤をそれぞれ答えてください。

❶ 65歳を超えると4割以上の人は何らかの障害がある。

❷ 日本人は遺伝的に長寿の素因があり、昔から長生きであった。

❸ 金融資産全体の6割以上を60歳以上の世代が保有しているともいわれている。

❹ 高齢者の生活を支えるに足る資産が存在している年数・期間を「資産寿命」という。

❺ 金融老年学は、高齢者の金融資産や金融取引面の問題や課題を、正しく認識し取り組むための新しい学問である。

❻ 日本の高齢者の就業率は他国に比べて低い水準である。

❼ 現代の高齢者のウェル・ビーイングの条件として、長寿・高い生活の質とともに社会貢献が求められる。

❽ 老年学は主として医学的立場に立って人間の心身の相関性を追究する学問である。

(答え)　①×　②×　③○　④○　⑤○　⑥×　⑦○　⑧×

第2章
高齢期の
健康

1 老化とは

2 老年症候群とは

3 高齢期の疾病

4 高齢期の心理

5 高齢期の感覚・知覚と知能

6 高齢期の認知症とうつ病

第6章

第5章

第4章

第3章

第2章

第1章

1　老化とは

老化は誰にでもやってくるものですが、ノーマルな老化と病的な老化があります。
その違いを理解しておきましょう。

加齢aging と老化senescence

エイジング　　　　　　　　　セネッセンス

生後、青年期頃まで体が大きくなることを成長、機能的な成熟のことを発達といい、成長と発達を併せた意味で広義に発育という言葉が用いられます。一方、時間の経過とともに生じる身体的変化や生理機能的変化を加齢現象と呼び、特に成熟期以後の心身の変化を老化と呼んでいます。かつて老化は心身の機能の劣化と定義されていましたが、最近は人間の能力や人格は生涯発達するという考え方が強くなっています。

生理的老化と病的老化

大きな傷病に罹患せず天寿を全うする過程で見られる老化を生理的老化（ノーマルエイジング）といいます。一方、傷病や栄養、運動、ストレス、大気汚染などの環境的な要因や、遺伝子の損傷などの病的な状態により生理的老化以上に進んでしまう老化を病的老化といいます。生理的老化はすべての人に普遍的にほぼ同程度に見られ、進み方のペースに個人差はあっても、一般的に年とともに次に挙げるような変化が起きています。

MEMO

細胞の老化と長寿遺伝子

長寿遺伝子とは、細胞の老化をコントロールするといわれている遺伝子で、「抗老化遺伝子」と呼ばれることもあります。哺乳類が持っている「サーチュイン」や、酵母に存在する「サーツー」という遺伝子は、活性酸素の働きを抑え、抗体を活性化して寿命を延ばす遺伝子であると解明されています。

サーチュイン遺伝子は誰もが持っており、普段はオフで活性化していませんが、これがオンになっている人が健康で長生きであることがわかっています。そこで、この遺伝子をオンにする生活習慣を解明する研究が盛んに行われています。

〈一般的な生理的老化〉

外観	しわ、しみ（老人斑）、白髪の増加、脱毛、歩幅の減少、上体の前屈（円背^(えんぱい)）などが見られやすい。体重は60代までは増加傾向を示すが、高齢期には減少傾向を示す。体重に占める水分の割合は、成人男性で55〜65％程度、成人女性で45〜60％程度であるが、高齢期には10％程度低下する。
神経系	安静時の自律神経系の機能はあまり低下しないが、概日リズムの振幅が減り、体温の低下が見られやすい。 体性神経系では、神経細胞数の減少、刺激伝導速度の低下により運動が遅延しやすくなる。
感覚器系	水晶体を厚くする働きが低下し、近くのものが見えにくくなる老視（老眼）が生じる。網膜の感度が低下し、薄暗いところでもものが見えにくくなる。また、瞳孔の反応速度が低下し、明るさの変化に素早く対応できなくなる。高い周波数を聴く能力が低下する。声を認識しにくくなる。 嗅覚や味覚が低下する。 温痛覚や触覚などの感覚の低下により環境の変化に気づきにくくなる。
内分泌系	女性ホルモンは50歳頃の閉経後に急激に減少し、更年期障害や骨粗しょう症などを生じやすくなる。男性ホルモンは50代中頃から徐々に減少し、性的機能の低下や抑うつ気分など不定愁訴をきたしやすくなり、男性更年期と呼ばれる。 メラトニンも減少し、睡眠障害をきたしやすくなる。
血液系	骨髄細胞が減り貧血を生じやすくなる。
免疫系	白血球のTリンパ球が主体となる細胞性免疫機能が低下しやすい。
呼吸器系	肺活量、1秒量（最初の1秒間で思い切り吐き出せる量）が低下する。
循環器系	最大心拍出量が減少する。心臓弁膜症や不整脈が生じやすくなる。動脈硬化が進み血圧が上昇する。
筋・骨格系	身長は、70歳から85歳にかけて男性で約2％、女性で約4％短縮する。骨密度や持久力は30歳頃から徐々に低下し、特に女性の骨密度は閉経後に著しく低下する。関節可動域も徐々に縮小し、生活機能を低下させる要因となる。
消化器系	歯の喪失や咀嚼筋力の低下などから、咀嚼力が低下しやすくなる。肝機能の低下により解毒作用が弱くなる。便秘しやすくなる。
泌尿器系	腎血流量が徐々に低下する。男性では前立腺の肥大により排尿が障害されやすくなる。女性では尿道括約筋の機能低下による腹圧性尿失禁が起きやすくなる。
生殖器系	女性は50歳頃閉経し、受胎能力がなくなる。膣分泌が生じにくくなる。男性では40歳頃より前立腺が徐々に肥大する。完全勃起と射精が起こりにくくなる。

2 老年症候群とは

高齢になると、日々の健康や活動の幅を狭めるのは、病気よりむしろ、生活機能の低下です。老年症候群と生活機能低下の関連について理解しておきましょう。

心身機能の低下とともに進行する、老年症候群

健康を維持するためには、生活習慣病の予防が大切です。しかし高齢期になると、健康を害し、生活の質（QOL）を低下させる大きな要因は、生活習慣病による直接的な影響より、むしろ、骨や筋肉がひ弱になって生じる転倒・骨折や認知機能の低下による影響などが中心となってきます。老年症候群とは、このように加齢に伴って自立を妨げ、要介護状態に導いてしまう身体的及び精神的諸症状や疾患の総称です。

老年症候群の特徴は、認知障害や歩行能力障害、排せつ機能障害、感覚障害、栄養摂取障害などがそれぞれ重なり合いながら、一連の不具合として進行し、体内の諸器官の生理的機能が低下するとともに体重も減少し、廃用症候群にまで陥りやすいことです。つまり認知機能の働きが衰えたり、足腰の働きが衰えたりすることでさまざまな症状がスパイラル的に生じ始め、肉体的・精神的機能がどんどん低下してしまうことです。

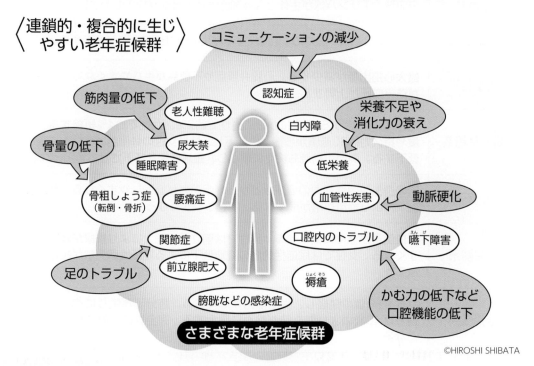

〈連鎖的・複合的に生じやすい老年症候群〉

コミュニケーションの減少

筋肉量の低下／老人性難聴／認知症／白内障／栄養不足や消化力の衰え

骨量の低下／尿失禁／睡眠障害／低栄養

骨粗しょう症（転倒・骨折）／腰痛症／血管性疾患／動脈硬化

関節症／口腔内のトラブル／嚥下障害

足のトラブル／前立腺肥大／褥瘡

膀胱などの感染症／かむ力の低下など口腔機能の低下

さまざまな老年症候群

©HIROSHI SHIBATA

28

老年症候群の進行を防ぎ、生活機能の自立維持を！

老年症候群は直ちに生命を脅かす病気ではありませんが、長期的に日常の生活機能を低下させ、自立を妨げる原因となり、介護の負担も大きくします。その意味で介護予防やリハビリテーションは老年症候群の予防でもあり、いくつになっても自立した生活を保つためのものです。

生活機能とは、人が生きていくための機能全体を示す言葉で、心身の働きだけでなく、社会参加やさまざまな活動をする能力までを含めて、生活機能といいます。自立とは、他者に依存することなく生活機能を発揮できることです。

高齢になれば、病気があっても治すことが最終目的ではなく、老年症候群の進行を防ぎながら、自立した生活機能を長く保ち、生活の質を高めておくことが最大の目的です。

高齢になるとともに生じやすい筋肉量や骨量の低下や、食欲の低下、消化力の衰えなど、さまざまな日常的変化が、多くの不調や疾患を招くようになります。しかも、それぞれが別々の病気ではなく、複合的に連鎖し合って、心身活動を低下させるおそれがあるのが老年症候群の特徴です。

また、運動機能障害により自立度が低下し、要支援あるいは要介護になる危険がある状態をロコモティブシンドローム（ロコモ）といいます。下の項目のうち一つでも該当すれば、ロコモティブシンドロームの可能性があります。

＜ロコモティブシンドロームの＞チェック

- ☐ 片脚立ちで靴下がはけない
- ☐ 家の中でつまずいたり滑ったりすることがしばしばある
- ☐ 階段を上るには手すりが必要
- ☐ 15分くらい続けて歩けない
- ☐ 横断歩道を青信号で渡りきれなくなった
- ☐ 2kg程度（1リットルの牛乳パックが2個程度）の荷物を持ち帰るのが困難
- ☐ 掃除機を使ったり、布団を上げ下ろししたりなど少し力のいる家事が困難

また、上記の症状が急に生じたり、痛みを伴ったりする場合などは医療機関を受診してください。

足腰を丈夫に保とう！

目的：歩行速度の低下を防ぐ
対象：ふくらはぎ（下腿三頭筋）

①両足を肩幅程度に開き、いすやテーブルなどをつかんで、まっすぐに立つ

②1・2・3・4で両足のかかとを上げ、1・2・3・4で下ろす

● 10回で1セットとする

つま先立ち

監修：早稲田大学スポーツ科学学術院 教授　岡浩一朗

出典：佐々木信之監修『防ごう！ロコモティブシンドローム』社会保険出版社2013

フレイルを防ごう！

学習の
ポイント
老年症候群やロコモティブシンドロームなどにより、心身がじわじわと衰え、要
介護に近づく状態をフレイル（虚弱）といいます。なるべくこの状態にならない
方法を知っておきましょう。

●加齢とともに増えるフレイル

【図2-1】は、群馬県草津町での調査の結果ですが、年齢層別にフレイルに当てはまる人がどのくらいいるのかを示しています。男性は80歳以降、女性は75歳以降にフレイルの状態の人が増加することがわかります。

虚弱な高齢者というと、もう元のように元気には戻れないというイメージを持たれているかもしれませんが、早い段階で生活を改善することで年齢にふさわしいレベルまで回復できる可能性があります。

【図2-1】性別・年齢別にみたフレイルの出現率

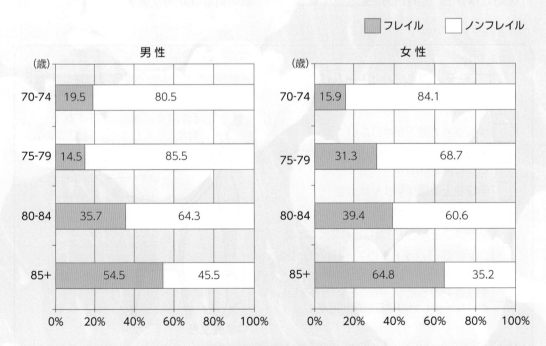

分析対象：草津町の70歳以上の高齢者 916人（対象年齢人口の88.2%）

出典：西真理子ほか；地域在宅高齢者における「虚弱（Frailty）」の疫学的特徴『日本老年医学会雑誌』49,344-354,2012.

●早めにフレイルの兆候に気づけば健康に戻れる

フレイルになると、体重が減少するほか、筋力や歩く力も低下して疲れやすくなります。フレイルが進行していくと日常生活に障害が出始め、外出しづらくなったり、閉じこもりや孤立に陥りやすくなったりして要介護状態になっていきます。小さな兆候を見逃さずに対策をとれば、健康に戻ることができます。また、高血糖の糖尿病患者は約3.8倍フレイルになりやすいことがわかっています。糖尿病にフレイルが加わると死亡のリスクが増加するため、早期発見で改善していくことが大切です。

●フレイルを予防・改善するには

年を重ねるにつれ、心身にさまざまな変化が起こるため、健康づくりの方法も年齢に合わせて変えていく必要があります。

中年期までの健康づくりは、メタボリックシンドローム対策が中心で、食事はとり過ぎないように注意が必要でした。しかし、高齢期になると反対に食べなくなる心配の方が大きくなってきます。年齢とともに自然に食が細くなり、栄養不足に陥りがちですが、これが要介護や死亡のリスクを高めます。むしろ食事はしっかりとることが必要です。

高齢期の健康づくりはフレイル予防！

	中年期	高齢期
目　標	生活習慣病の予防	老化予防＝機能的健康の維持
注目課題	メタボリックシンドローム (肥満・高血圧・糖尿病・脂質異常など)	フレイル
ポイント　食事	とり過ぎに注意、野菜はしっかりと	不足に注意、肉・魚・卵はしっかりと
ポイント　運動	エネルギーを消費（有酸素運動）	筋力、足腰をしっかり維持（筋トレ）
ポイント　嗜好品	タバコは×、お酒は適量	タバコは×、お酒は適量
ポイント　睡眠	十分な睡眠を	昼夜のリズムを整え、まとまった睡眠を
ポイント　社会	働き過ぎの防止やストレスの解消	積極的に社会参加を

出典：東京都健康長寿医療センター研究所 健康長寿新ガイドライン策定委員会『3本の矢でフレイルを防ごう！』社会保険出版社2017

あなたのリスク度は？
フレイルチェック

赤枠内の合計点数が４点以上の人は、すでにフレイルが始まっています。３点以下の人に比べると２年後〜４年後に日常生活に障害が出るリスクが3倍以上になります。P31を参考にフレイルの予防・改善を！

体力	❶	この１年間に転んだことがありますか	いいえ	はい
	❷	1kmぐらいの距離を不自由なく続けて歩くことができますか	はい	いいえ
	❸	目は普通に見えますか（注眼鏡を使った状態でもよい）	はい	いいえ
	❹	家の中でよくつまずいたり、滑ったりしますか	いいえ	はい
	❺	転ぶことが怖くて外出を控えることがありますか	いいえ	はい
	❻	この１年間に入院したことがありますか	いいえ	はい
栄養	❼	最近、食欲はありますか	はい	いいえ
	❽	現在、たいていの物は噛んで食べられますか（注入れ歯を使ってもよい）	はい	いいえ
	❾	この６カ月間に3kg以上の体重減少がありましたか	いいえ	はい
	❿	この６カ月間に、以前に比べて体の筋肉や脂肪が落ちてきたと思いますか	いいえ	はい
社会	⓫	一日中家の外には出ず、家の中で過ごすことが多いですか	いいえ	はい
	⓬	ふだん、２〜３日に１回程度は外出しますか（注庭先のみやゴミ出し程度の外出は含まない）	はい	いいえ
	⓭	家の中あるいは家の外で、趣味・楽しみ・好きでやっていることがありますか	はい	いいえ
	⓮	親しくお話ができる近所の人はいますか	はい	いいえ
	⓯	近所の人以外で、親しく行き来するような友達、別居家族または親戚はいますか	はい	いいえ

「はい」または「いいえ」に○をつけ、赤枠内の○の個数を数えます（１個につき１点）。

合計点数　　　　　点

出典：東京都健康長寿医療センター研究所 健康長寿新ガイドライン策定委員会『3本の矢でフレイルを防ごう！』社会保険出版社2017

フレイルに近づいて、活動能力が低下していませんか？

知らず知らずにフレイルに近づくと、日々の生活動作に不便を感じる前に、外出して社会的交流を保ったり、生活を維持したりするためのさまざまな管理能力を含む高次の生活機能が低下し始めます。そこで、これらの活動能力まで測定するために広く利用されているのが下の【表2-1】の尺度です。合計点数が多いほど高次の生活機能を保っていると同時に、特に、後半の問い❿以降の答えが「はい」の人は、自分だけでなく他者をサポートする機能も保っています。

【表2-1】老研式活動能力指標

分類	No.	質問		
手段的自立について	❶	バスや電車を使って一人で外出できますか	はい	いいえ
	❷	日用品の買い物ができますか	はい	いいえ
	❸	自分で食事の用意ができますか	はい	いいえ
	❹	請求書の支払いができますか	はい	いいえ
	❺	銀行預金・郵便貯金の出し入れが自分でできますか	はい	いいえ
知的能動性について	❻	年金などの書類が書けますか	はい	いいえ
	❼	新聞などを読んでいますか	はい	いいえ
	❽	本や雑誌を読んでいますか	はい	いいえ
	❾	健康についての記事や番組に関心がありますか	はい	いいえ
社会的役割について	❿	友だちの家を訪ねることがありますか	はい	いいえ
	⓫	家族や友だちの相談にのることがありますか	はい	いいえ
	⓬	病人を見舞うことができますか	はい	いいえ
	⓭	親しくお話ができる近所の人はいますか	はい	いいえ
	⓮	若い人に自分から話しかけることがありますか	はい	いいえ

（注）「はい」という回答に1点を与えて合計得点を算出する。

合計点数　　　　点

出典：古谷野亘ほか『日本公衆衛生雑誌』34巻 109頁 1987

3 | 高齢期の疾病

学習の
ポイント

生理的・身体的機能の低下に伴い、さまざまな病気が生じやすくなってきますが、高齢者に多い自覚症状や高齢期の病気の特徴等について知っておきましょう。

高齢期の疾病の特徴

年とともに、何かしらの症状を自覚することも多くなり、65歳以上のほぼ2人に1人は、何らかの自覚症状を持っています。

また、高齢期の疾病の特徴は、「生活習慣病」に加えて、老化を基盤とし、生活機能を低下させるもととなる「老年症候群」が主な問題になってきます。これらの高齢期に多い疾病の特徴を理解した上で、適切に対応していくことが大切です。

高齢者に多い疾病の特徴として、(1) 個人差が大きいこと、(2) 複数の疾病や障害を有することが多いこと、(3) 急変・重篤化しやすいこと、(4) 症状や所見、経過が典型的でなく、薬や他の疾患の合併によってより症状が複雑となること、(5) 薬の効果に変動があること、(6) 脳・心発作、転倒・骨折、感染症などの救急疾患が生じやすいこと、(7) 後遺症を残しやすいこと、(8) 合併症を引き起こしやすいこと、(9) うつや認知症、幻覚などの精神症状が見られやすいこと、(10) 最終的には死を迎えること、が挙げられます。

高齢期に多い症状や疾病とその対策

腰　痛

原因の精査と原因疾患の治療が最も重要です。急に生じた腰痛は安静が必要です。慢性的な腰痛には運動療法が行われます。

頻　尿

排尿回数が1日8回以上になると頻尿、就寝後の排尿が2回以上になると夜間頻尿といいます。原因の診断と治療が大切です。

聞こえにくい（聴覚障害）

聴覚障害は、人間関係の悪化や社会的孤立、閉じこもり、危険からの回避の遅れなどの原因となります。聴覚障害の人に話しかける際には、できるだけ耳元近くでゆっくり話しかけることが大切です。

脱水・熱中症

高齢者は、体内の水分量が約50％と若い頃に比べ少なくなり、さらに暑さやのどの渇きを感じにくくなるため、脱水を起こしやすくなります。また、汗をかく力が弱まるため身体に熱がたまりやすく熱中症を起こしやすくなります。

物忘れ（記憶障害）

　加齢のほか、認知症やうつ病など、記憶障害を引き起こす病気は数多くあるため、原因の診断が大切です。

骨・運動器疾患

　変形性関節症や女性の骨粗しょう症が多く見られます。骨折は寝たきりの大きな原因になり、脊椎椎体、大腿骨近位部、肋骨の骨折が多く見られます。

目のかすみ（視覚障害）

　視覚障害の多くは、視神経が障害される緑内障や水晶体が混濁する白内障によります。白内障は、明るいところが眩しくなる傾向があります。目のかすみや視野の異常を感じたら、早めの受診が大切です。

脂質異常症

　血中のコレステロール値が低いと、がん、感染症、脳出血、自殺などが増加し、総死亡率も高くなります。特に高齢者では、低過ぎることに対する警戒も必要です。

高血圧症

　高齢になると血管の弾力性が失われ、収縮期血圧が高く、拡張期血圧はあまり上がりません。転倒や脳・心臓発作による事故は、血圧が上昇したときだけでなく低下したときに起こることもあります。

糖尿病

　糖尿病は全身の合併症を引き起こします。食べ過ぎや運動不足に注意し、進行を防いで、合併症を発症しない努力がとにかく大切です。ただし、血糖は低過ぎても、腎機能障害や認知機能の低下を招きます。

不眠（睡眠障害）

　高齢期には深い睡眠が減り、浅い睡眠が増えるため、睡眠の途中で目が覚めやすくなります。また、早い時間から眠くなりやすくなります。

　昼間の活動量を増やして昼寝を減らし、就寝時刻を遅らせるように心掛けると夜によく眠れるようになります。

腎・泌尿器疾患

　男性では頻尿の主原因である前立腺肥大症が、女性では尿失禁が多くみられます。活動と休養のバランスが大切です。尿失禁の予防・改善はP73を参照。

感染症（特に肺炎）

　高齢者にとって肺炎やインフルエンザ、COVID-19などは、直接死因となる病気です。肺炎が死因に占める割合は高齢になればなるほど増加します。感染症予防の3原則は、「1.感染源対策、2.感染経路対策、3.免疫力の向上」です。

老人性掻痒症

　老化や入浴のし過ぎなどでドライスキンとなり、下腿が痒くなります。抗ヒスタミン薬はあまり効かず、保湿クリームで治療します。

4 高齢期の心理

学習の
ポイント　高齢期の心理的な課題となるのが成熟と記憶と注意機能です。記憶や注意機能に
もさまざまな種類があります。それぞれの特徴を把握しましょう。

高齢期の成熟

　年とともに、友人や配偶者などの親しい人との死別、定年退職や引退などに伴う社会的役割の喪失という喪失体験を数多く経験します。そのことに加えて、自分自身の肉体的衰え、精神的衰えを感じ、いずれは「自立」ができなくなるという危機に直面します。

　そのような高齢期にどう適応して生きていくか、その重要な要素となるのが、心理的に成熟することです。つまり、成熟したパーソナリティを築いていくことだと考えられます。心理学者のリフは、成熟したパーソナリティを築くための6つの条件を提示しています。

積極的な他者との関係

自己受容

自　律　性

**成熟した人になるための
リフの 6 つの条件**

環境適応能力

人格的成長

人生における目的

高齢期の記憶

　高齢期になると、記憶力が悪くなったと感じることが多くなるのではないでしょうか。しかし、記憶には、いくつかの種類があり、それぞれの記憶によっても、加齢による影響は異なります。

　記憶には、短期記憶と長期記憶があり、

短期記憶とは、一時的に情報を保持しておくための記憶です。一方、長期記憶は名前の通り、短期記憶に比べて保持期間が長く、その容量も無限であるとされています。しかし、高齢期は短期記憶に比べると、長期記憶を蓄積する力が低下し

やすいという特徴があります。

　また、私たちの日常の生活では、情報のほとんどは忘却しても差し支えのないものです。しかし、覚えておくことが必要な場合には、忘れないための何らかの仕掛けが必要です。それによって重要な情報が短期記憶から長期記憶に送られ、ほぼ永久に残されることになります。よく用いられるのが、何度も繰り返したり、語呂合わせをしたり、似たもの同士をまとめたりする方法です。このように忘れないで長期記憶として保存するときには、情報を一時的に保持しながら、さらに処理をする作動記憶（ワーキングメモリ）が働いていますが、この力が年齢とともに低下しがちになるのは、他の認知機能の低下と連動しているからではないかと考えられています。

　記憶は通常、より新しい出来事のほうが想起率が高く、また20代をピークに若いときの出来事の想起率が高くなります。これをレミニッセンス・バンプといいます。

〈自伝的記憶の生涯変化とレミニッセンス・バンプ〉

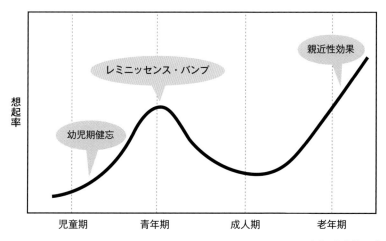

自分の人生に関する自伝的記憶は、ほとんどの人が最近のことの次によく覚えているのが、青年期（青春時代）のことです。

出典：佐藤眞一『地域リハビリテーション』4巻 581頁 2009

高齢期の注意機能

　私たちは日常生活のさまざまな情報や刺激のすべてに注意を向けているわけではなく、必要な情報のみに注意を向け、効率的に記憶をしたり、認知的な活動を行っています。これには、注意機能と呼ばれる認知機能が関係しています。しかし高齢期になると、この注意機能に加齢の影響が生じることが知られており、探し物がすぐに見つけられなくなったり、何かをやろうとして体を動かしたのに何をしようとしていたのかわからなくなるときがあります。これも注意機能の低下が関連していると考えられます。高齢期に低下しやすいのは、必要な情報を選択して注意を向ける選択的注意機能と、複数のことを同時に行う注意分割機能です。

5 高齢期の感覚・知覚と知能

学習の
ポイント

> 感覚と知覚機能は年とともに低下していくもので、回避することはできません。まず、高齢者がどのような状態であるのかを知ることが大切です。

高齢期の感覚・知覚

　眼、耳などの感覚器から入力される感受性（感覚）とその認識機能（知覚）は、加齢とともに低下します。特に日常生活で気になる視覚、聴覚及び味覚について見てみましょう。

　視力は40代半ば頃までは安定していますが、それ以降遠視側に移行して「老眼」になります。

　また、暗闇への視覚的な慣れを暗順応といいますが、順応できる暗さのレベル（暗順応閾）や順応するまでに要する時間が加齢とともに変化します。加齢に伴う光刺激への反応は、暗闇への順応能力が低下するだけでなく、照明などの明るさを眩しく感じやすくなり、その眩しさから回

復する能力も低下します。

　聴覚も20代後半以降徐々に低下し、50代以降には急速な衰えが見られます。聴覚機能の変化は高齢になれば誰にでも訪れますが、極度に悪化する場合もあります。難聴者の割合は、70代では3割前後、80歳以上では5割を超えるともいわれています。

　味覚には、甘・酸・鹹・苦・うまみの5つがあり、この5種類の味覚の加齢変化は少しずつ異なっています。60歳以降急速に鈍麻してきますが、苦みに対する感受性の劣化が最も強く、塩辛さ（鹹）や酸っぱさがそれに続き、最後まで味覚が残存するのは甘みといわれています。

高齢期の知能

　知能は、脳の成長とともに発達し、その成長の止まる青年期以降に低下が始まる「流動性知能」と、その後も学習によって発達を続ける「結晶性知能」とに分類されます。結晶性知能は、人生上のさまざまな問題に対処する知恵を育てる知能、流動性知能とは、新しい環境に適応する知能ともいわれています。

　結晶性知能は「言語性知能」とも呼ばれ、

流動性知能は「動作性知能」とも呼ばれることがありますが（右ページ参照）、従来は、言語性知能（結晶性知能）は比較的維持されるものの、動作性知能（流動性知能）は加齢とともに急激に衰えてしまうとされていました。しかし、最近では、そのような傾向は認めるものの、知能の低下はそれほど急激ではないことが明らかになりました。

もちろん、情報処理スピードなどは、若いほうが速くても、社会的な出来事の意味を深く思考するような能力は経験と知識が必要で、加齢とともに高まります。これが結晶性知能です。

〈流動性知能と結晶性知能の生涯発達〉

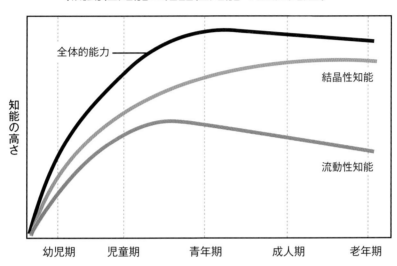

出典：L.R. Goulet and P.B. Baltes (Eds.) Life-Span Developmental Psychology: Research and Theory. New York: Academic Press.1970

動作性知能（流動性知能）

　車を運転中に機敏にブレーキを踏むことや、決まった時間内にある作業やパズルをどれくらいできるかなど、動作的なことに反応する能力が「動作性知能」。その場その場で流動的な対応力が必要なため、「流動性知能」ともいわれます。

言語性知能（結晶性知能）

　言葉を使って物事を判断したり、考えて結論づけたりするような能力が「言語性知能」です。経験や学習が結晶した結果の能力でもあるため、「結晶性知能」とも呼ばれ、身体的機敏性を失っても老年期まで伸び続ける知能といわれています。

6 高齢期の認知症とうつ病

学習の ポイント　加齢による変化は高齢者の身体だけではなく、精神にも影響を及ぼします。諸症状について知識を深めて、いざというときに備えましょう。

認知症

　年齢とともに物忘れが多くなってくることはよくあります。ただ、人の名前や昨夜のおかずを思い出せないなどは健常な物忘れで、忘れたという自覚があります。ところが認知症になると、食べたことなどそのこと自体を忘れ、しかも忘れたという自覚がないため、混乱を招きます。

　認知症は、脳の細胞が障害されて認知機能が低下し、日常生活に支障をきたしている状態で、主に右の4つが代表的な認知症として知られています。脳のどの部分が障害されて萎縮しているかによって区別され、現れる症状も違います。

　認知症又はその予備群は、高齢者の約4人に1人といわれており、今では認知症は誰もが関わる可能性のある身近な病気となっています。

　高齢化に伴い、我が国では認知症を患う高齢者がますます多くなると考えられ、これからは地域で認知症高齢者の生活を支え合うことがとても重要です。

　人々が正しい知識を持つことが、高齢者の暮らしやすいまちづくりに求められます。

● 認知症の種類

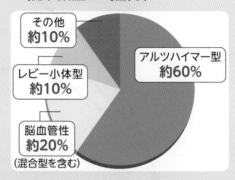

その他 約10%

レビー小体型 約10%

脳血管性 約20%
（混合型を含む）

アルツハイマー型 約60%

■ アルツハイマー型
　脳内にβアミロイド・タンパクとタウ・タンパクがたまり、徐々に神経細胞が死滅していく。見た目は元気で、取り繕いがうまいので、初期はわかりにくい。

■ 脳血管性
　脳梗塞や脳出血などで血流が途絶えると、その先の神経細胞が死滅する。運動麻痺を起こすことが多いが、神経細胞死が広範囲に及ぶと認知機能も低下する。

■ レビー小体型
　脳内の神経細胞にレビー小体という特殊なたんぱく質がたまる。幻視があり、足元がふらついて転びやすい。

■ その他
　前頭側頭葉変性症が若年性では多く、同じ言葉を何度も繰り返す。

● 認知症の症状

一般的に中核症状である「認知障害」と、それに伴う「行動・心理症状（BPSD）」に分類されます。中核症状は、認知症と診断された患者に共通して認められます。一方、ひとり歩き（徘徊）や暴言、物盗られ妄想などの行動・心理症状は、人によって、また進行具合によって出現したりしなかったりします。

多くの場合、認知症の人の介護を困難にしているのは周辺症状である行動・心理症状ですが、ケアの仕方によって、これらの不可解な行動が軽減することがわかってきました。

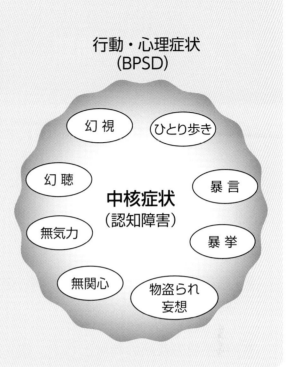

行動・心理症状
（BPSD）

幻視　ひとり歩き　幻聴　暴言　中核症状（認知障害）　無気力　暴挙　無関心　物盗られ妄想

軽度認知障害（MCI：Mild Cognitive Impairment）

認知症をいきなり発症する人は少なく、その手前（予備群）の状態で気づけば、食事や運動を見直し、よく頭を使う生活に切り替えていくと回復できるケースのあることがわかっています。

約束を忘れるようになった、身だしなみを整えなくなった、趣味や人づきあいを楽しまなくなった等の変化が軽度認知障害（予備群）のサインといわれています。変化に早めに気づくことが大切です。

うつ病

「食欲」「睡眠欲」「性欲」と、人と関わりながら生きていく「集団欲」という、4つの欲求が人間には備わっていますが、うつ病になると、睡眠障害が生じ、食欲もなくなり、異性への関心も消え、人と会ったり話したりする意欲もなくなります。生きるためのすべての欲求が低下してしまうのです。

特に、退職、死別、病気、四肢の衰え

など、ネガティブな出来事に出合うことが多くなる高齢期は、心が孤独になりがちで、日々の楽しみや目標が持てなくなるとうつになりやすく、さまざまな喪失体験から落ち込んでいるだけかと思っていると、うつが始まっていることがあります。よく食べない、よく眠らない、動かない、しゃべらないといった変化が続いたら、受診を促しましょう。

第2章の確認問題

下に述べられていることの正誤をそれぞれ答えてください。

❶ 加齢現象とは時間の経過とともに生じる身体的変化や生理機能的変化のことである。

❷ 老年症候群は直ちに生命を脅かすものではないが、生活機能を低下させやすい。

❸ 高齢期の疾病の特徴として、個人差が小さいことが挙げられる。

❹ 児童期や成人期のことより、青年期のことをよく記憶していることをレミニッセンス・バンプという。

❺ 動作性知能は結晶性知能とも呼ばれ、言語性知能は流動性知能とも呼ばれる。

❻ 年を取れば、認知症になる人の方がだんぜん多い。

（答え）　①○　②○　③×　④○　⑤×　⑥×

第3章

高齢期の
社会交流

1 世代間の理解
2 高齢期の人間関係
3 高齢期の地域参加
4 地域デビュー
5 高齢者と地域環境

第6章

第5章

第4章

第3章

第2章

第1章

1 世代間の理解

豊かな高齢社会を築いていくためにも世代間の理解を深めていくことが大切です。
高齢者とのコミュニケーションにおいて注意すべきことを知っておきましょう。

高齢者に対するコミュニケーション

高齢者とのコミュニケーションにおいて問題なのは、言葉遣いや話し方、態度、しぐさなどによって、高齢者の尊厳を損なう「保護するようなコミュニケーション」です。

一般に、高齢者に対して、名前ではなく「おじいちゃん」「おばあちゃん」と呼んだり、小さな子どもに話しかけるような話し方 (第二のベビートークという) をしたり、手や腕をなでながら接したりしがちです。これらは「高齢者はコミュニケーション能力が劣り、無力で保護される対象である」という誤った先入観や思い込みに基づいているものであり、高齢者の人格を無視した言語行動につながっています。

一方、高齢者はそうした扱いに不満を持っているものの、相手に遠慮して受け入れるうちに、次第に無力で保護される対象としての言語行動をとるようになり、ますます周囲の「保護するようなコミュニケーション」を増長させるという悪循環を生んでいます。

双方が尊重し合えるコミュニケーションを実現するためには、若年者が高齢者に対する正しい認識を持つ必要があると同時に、高齢者自身も保護される「好かれるお年寄り」という役割を演じるのではなく、きちんとした自己主張をしていく必要があります。

世代間の違いを認め合う

高齢者は「何度も同じ話をする」「話が長い」「人の話を聞かない」というイメージを持っている若年者は少なくありません。こうした先入観や思い込みが年寄り扱いという画一的な対応につながり、双方のコミュニケーションをゆがめる原因だといわれています。

しかし、若年者の立場からすると、ベテラン世代の対応もコミュニケーションをとる際の大きな悩みであることがわかっています。

例えば、自分が知らない話に対しては興味を示さず相づちさえ打たない、共通の話題があっても「私は今までこうやってきた」「これで失敗したことはない」というように過去の知識や体験に基づいて話を展開する、新しい提案があると価値観の相違を理由に頭ごなしに否定すると

いった具合です。

世代間ギャップを埋めるためには、まずは高齢者層と若年者層では時代背景や生活環境、人間関係、価値観が異なるのは当然のことだという認識を持つことが大事です。教養や知性をお互いに認め合い、話を傾聴する姿勢を持つことがコミュニケーションを円滑にします。若年者に尊敬されるような、魅力的な高齢者になりましょう。

エイジズム

エイジズム（年齢差別・高齢者差別）は性差別、人種差別に次ぐ第三の差別といわれています。1968年にアメリカの国立老化研究所の初代所長、ロバート・バトラーがつくった概念で、高齢者虐待問題とともに世界的に広まりました。

これには、高齢者への偏見であるステレオタイプ、差別の態度、差別の行為や制度などが含まれます。高齢者を否定的にとらえるエイジズムの逆に、高齢者を無条件であがめたり、優遇したりする肯定的エイジズムもあります。これは、若年者や社会全体の力を奪い、結局高齢者にとってもマイナスとなります。エイジズムを克服するには認識を変えるとともに、高齢者の実態を改善することも大切です。

MEMO

英会話より、“老会話”？

高齢の父母を持つ世代はもちろん、高齢者施設で働く介護福祉関係者から、スーパー、コンビニをはじめとした高齢者と対面する接客業、サービス業の人々、その他あらゆるシニアマーケットに携わる人々や経営戦略を考えている人々にまで、これからは、「英会話より老会話」が大切な時代でもあります。

“老会話”とは、老親を含めた高齢者を相手に悪戦苦闘する「しゃべりの悩み」を解消するコミュニケーション術のこと。指南するのはフリーアナウンサーで、老若男女の「しゃべりの研究」をしている梶原しげる（東京成徳大学客員教授・日本語検定審議委員）氏。彼の著書『老会話』（東洋経済新報社）によれば、ものの言い回しやタイミングを少し変えるだけで、なかなかすっと通じない高齢者とのやりとりによるイライラも解消。例えば、次のような具合で――。

● 親に電話するとき
・用件だけを手短に伝えようとするのは間違い
・一方的に上から押しつけるような言い方をしない
・親の理解度を測りながら、穏やかに、ゆっくり話す

● 高齢者に話しかけるとき
・話しますよ、という合図を送ってから話し始める
・急な話題転換を避けること
・褒めることで高齢者は前向きな気持ちになる
・きっかけは、健康の話題から

2 高齢期の人間関係

学習の
ポイント

高齢者の孤独や孤立が深刻化し、社会問題となっている今、つながりが希薄化している現実と、その影響について考えてみましょう。

独り暮らし高齢者の増加

　現在、我が国では独り暮らしの世帯が増加しており、単身世帯はすべての世帯の中で、最も多い形態となっています。【図3-1】は国勢調査の結果ですが、1980年から2020年までに65歳以上の単身世帯数が7倍以上に増加していることがわかります。高齢者の約5人に1人は、独りで暮らしていることになります。

　また、我が国の高齢者では、配偶者や子どもだけが心の支えとなっている人が多く、友人などが心の支えとなってい

る人は少ないこと、つまり家族への精神的依存度が高いことが指摘されています。そのため、配偶者に先立たれたり、熟年離婚などに見舞われたりすると、他者とのつながりが希薄になりやすく、それは特に男性において顕著です。独り暮らしの高齢者が増加する中、家族以外の人とのつながりが希薄な高齢者が増えていくと、社会的な孤立という問題が深刻化していくことが懸念されます。

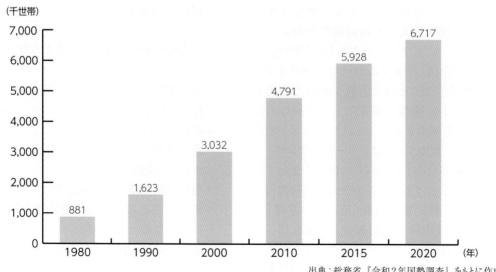

【図3-1】単独で住む高齢者世帯数

（千世帯）

出典：総務省『令和2年国勢調査』をもとに作成

高齢者の社会的孤立

社会的孤立とは、周囲の人とほとんどかかわらずに生活していることをいいます。イギリスの社会学者タウンゼントは「孤独 (loneliness)」を仲間付き合いの欠如や喪失による主観的な感情、「孤立 (isolation)」を家族やコミュニティとほとんど接触がない客観的な状態と定義しました。近年、報道されることの多い孤立死は、死後に長時間放置されるような最期を迎えることですが、社会的孤立と深くかかわる問題で、独り暮らしの高齢者が増加するにつれ、より一層大きな問題となる可能性があります。

孤立が高齢者の心身に及ぼす影響は決して小さくありません。孤立が生み出す「寂しさ」は、うつの要因となることがわかっています。孤立死が発生すると後始末などの社会的コストが発生することになりますし、孤立していると、部屋での転倒時や切れた電球の交換時などにも頼れる人がいないという状況になります。このような問題をできる限り回避するためにも、つながりをつくることが非常に重要です。

つながりの連携が孤立を防ぐ

高齢者の独り暮らしが標準的な生活形態となった現在、高齢者が安心・安全な生活を送るには、多層的なつながりが重要となります。

例えば、自分の趣味や関心に合わせた「社会活動によるつながり」。それから、定期的に連絡を取り合える親族や友人といった「個人的なつながり」。この点では、おせっかいを焼き合えるようないわゆるご近所さんも大切です。特に、孤立死を予防するためには、地域におけるコミュニティづくりが欠かせません。孤立死を他人事、個人の問題ととらえず、地域における問題であるという共通認識を持つことが、お互いに地域で個人的なつながりを強化する第一歩です。

さらに、「公とのつながり」も大切です。社会活動や個人におけるつながりを包括するのが公的機関等とのネットワークになります。そのため、継続的に運用できるような、地域の実情に合ったネットワークの構築が求められますが、すでに、さまざまな孤立予防ツールや見守りシステムも開発されています。孤立防止の効果を高めるには、これら3つのつながりがうまく連携することが大切になるのです。

〈3つのつながりで!〉

社会活動によるつながり

ご近所や個人的なつながり

公とのつながり
(見守りネットワークなど)

3 高齢期の地域参加

学習の
ポイント

安心・安全な暮らしを送るにはどのようなつながりをつくればよいのでしょうか。
その際に必要になってくるのが地域参加です。

「会社（職場）」から「社会（地域）」へのシフトを

　退職し、第二の人生を「生き活き」と暮らしていくためには、「新しいつながり」を求め、社会活動で出会う人や地域の人々などと積極的につながっていく必要があります。しかし、会社や職場への帰属意識が強かったために、地域への関心やかかわりが薄かったという人々が大勢います。このような人々にとってこそ、「地域」を新しい関係性構築の場として見直し、かかわっていくことが重要です。

　具体的には、どうすればスムーズに地域社会へつながっていくことができるのでしょうか。まずは地域活動、つまり市民参加です。高齢者の間でも、地域活動やNPO、NGOへの関心が徐々に高まっています。60歳以上の高齢者のグループ活動の状況を見てみると、地域行事や健康・スポーツなどの活動を行っている高齢者が約6割と年々増加傾向にあり、活動に参加している高齢者ほど、生きがいを感じています。また、NPO活動への関心も年々高くなってきており、約半数の人たちが、NPO活動に関心があることがわかっています。

　しかし、実際に地域活動やNPO、NGOに参加しても、その市民活動の性質

ややり方に馴染みにくく、ついていけなくなる人もいます。市民参加を心から楽しみ、新しく始まる人生の質を高めていくためには、これまでの「会社」や「組織」中心の考え方や働き方を変える必要があります。それが次に挙げる3つのパラダイムシフトです。

●「組織」人間から、主体的「個人」へ

　日本では会社や組織の価値観が最優先される傾向があります。しかし、地域において「新しいつながり」を求め、主体的につながっていくためには、以前の肩書きや立場・職種にこだわらず、「私という個人」を主体として参加することが最も重要な起点です。

●ピラミッド的上下関係から、フラットな関係へ

　肩書きによるピラミッド的上下関係の方が安心するという人もいるかもしれません。しかし、第二の人生のための持続可能な「新しい関係づくり」を始めるには、「個人」を主体として「個人」と「個人」とが上下関係なくつながることが重要です。

● **結果重視から、プロセス重視へ**

これまでは行き過ぎた成果主義の中で、結果を残す必要があったかもしれませんが、地域においては「プロセス」が重要となります。多種多様な人々が参加できる「オープンなプロセス」、「よいプロセス」こそ、最高の成果であるという価値観に立つことが、開かれた関係性を生む土俵です。

〈3つのパラダイムシフトを!〉

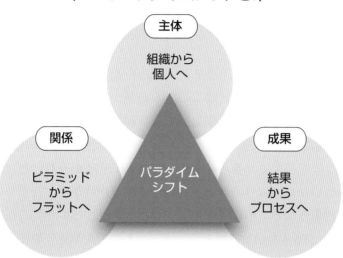

開かれた地域コミュニティ

地域コミュニティには、従来の自治会や町内会などの他に、近年その数を増やし続けているNPOやNGO、または社会起業家と呼ばれる人が展開しているテーマ・コミュニティという活動があります。

テーマ・コミュニティとは、特定のテーマ(主題・課題)を共有するコミュニティのことですが、主に2つに大別されます。一つは、文化やスポーツの同好会やサークル活動やクラブ活動など、個人の「趣味や興味のあること、好きなこと」を共有し、共に楽しむ多様なコミュニティで、もう一つは、環境問題や福祉、教育、国際支援など社会的、公共的な「問題の解決」を市民が担おうとする、ミッション・コミュニティです。

企業やさまざまな職場で働いてきた人が、このテーマ・コミュニティへ「新しいつながり」を求めて参加し始めると、地域コミュニティ自体が、より開かれたコミュニティへと変わっていくはずです。

最近では、体操や運動教室、茶話会、趣味の活動、ボランティア活動などの定期的な集まりを住民主体で行う高齢者の「通いの場」が期待されています。全国各地で運営主体も会場も活動内容もさまざまな取り組み事例がみられ、「通いの場」に参加することは介護予防につながるだけでなく、地域での有意義な社会交流になっています。

4　地域デビュー

学習のポイント

現役世代からリタイアした多くの人が生きがいを求めて「地域デビュー」しています。地域デビューの意義とそのヒントを知りましょう。

地域デビューとは

　日々を忙しく過ごしている人にとって、休日はとてもありがたいものです。早く定年を迎えて"毎日が休日"状態を満喫したい…こんな声も聞こえてきます。

　しかし、いざ定年を迎えてみるとなかなか思うようにはいかないようです。安全・安心に人生を全うするために、まだ働かざるを得ないという人もいるでしょう。また、"毎日が休日"状態がかえってストレスとなってしまい、何らかの形で社会に貢献したい、もっと自分の得意分野を生かしてみたい、などといった生きがいを求める人もいるでしょう。

　いずれにしても、働く場所や生きがいのための活動の場所は、それまでの職場からそれぞれの生活圏でもある、地域へと移っていくケースが多いのです。そこで迎えるのが「地域デビュー」です。

　実際の地域デビューのきっかけとしては、友人にすすめられたり、自治会や町内会の呼びかけがあったりして、始まることが多いようです【図3-2】。

　人生の大半を仕事関係の人々だけと過ごしてきた人にとって、地域デビューは少しハードルの高いものかもしれません。そんな人にとってこそ、最も身近な方法が町内会や自治会活動への参加です。自分の住む所の防犯や環境整備、お祭り、運動会などに参加し、近隣と交流することが地域活性化の一助となります。

【図3-2】地域デビューのきっかけ

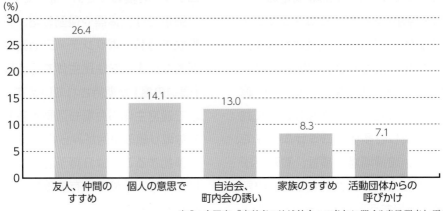

出典：内閣府『高齢者の地域社会への参加に関する意識調査』平成25年度

スムーズな地域デビューを

　地域の活性化が叫ばれ、〈地域に人材を！〉という社会の要請と、〈まだ働きたい〉、〈社会に貢献したい〉という個々人の思いをマッチングしてくれるのが元気な高齢者の「地域デビュー」です。

　これから地域デビューしようとしている人は、まず各自治体のホームページを眺めてみてください。直接訪ねて相談す

るのもよいでしょう。各自治体では何らかの形で地域デビューを応援するイベントや講座を開催したり、相談体制も整えたりしているはずです。

　また、財団法人シニアルネサンス財団、公益社団法人長寿社会文化協会といったいわゆる高齢者団体のホームページにアクセスしてみることもお勧めします。

〈地域デビュー危険度チェック〉

10の質問に対し、YES か NO でお答えください。そして、YES の数だけカウントしてください。

YES の場合はチェックを入れてください

- ☐ ❶ 公民館を利用したことがない
- ☐ ❷ 私は間違いなく良い夫である
- ☐ ❸ 妻の外出先は必ず聞くことにしている
- ☐ ❹ ヨコ社会よりタテ社会の方が分かりやすい
- ☐ ❺ 最近、思いやりを感じることがあまりない
- ☐ ❻ 希望するボランティアが見つからない
- ☐ ❼ 近所に親しく付き合っている友人はいない
- ☐ ❽ なかなか聞き上手になれない
- ☐ ❾ 家事は妻の仕事だから定年後もかかわらない
- ☐ ❿ 私は人見知りするほうだ

危険度チェック制作：㈶シニアルネサンス財団

　YESの数が多いほど、「地域デビュー」には下に挙げた心得が大切です。まずは、近所を散歩することから始めましょう。

　地域の人々、まちの雰囲気、お店、施設などに出会い触れ合い、まちの様子を知ることができたら次は、ボランティア活動などにも参加してみてください。"社会に役立ちたい"という気持ちがあれば、あなたに向いた活動の場が見つかるはずです。

地域デビューするときの心得

①自分の肩書きなどを言わない、人の肩書きなどは詮索しない
②誇らしげに過去の業績や仕事の話をしない
③隣近所のうわさ話はしない
④むやみにへりくだったり、卑屈になったりしない
⑤特技、趣味の情報は、積極的にアピールしていく

5 高齢者と地域環境

学習の
ポイント

どのような地域に暮らしていると、外に出かけたくなるでしょうか。高齢期に積極的な社会交流を行うためには、地域の環境も重要になります。

買い物難民問題

地域の人口減少や高齢化にともなって近くの食料品店が撤退したり、バスや電車などの公共交通機関が減少・廃止され買い物に行くことが難しくなるなどで、気軽に食料品を調達できない人たちが増えています。こうした人たちを買い物難民や買い物弱者と呼びます。また、食料品店がなく、生鮮食品などの食料が入手困難な地域をフードデザートといいます。

特に買い物難民になりやすいのが、自動車の運転が難しくなった高齢者です。農林水産政策研究所の推計では、自宅から生鮮食料品販売店まで500m以上あり、自動車を持たない65歳以上の人は、約600万人いるとされています。食料品スーパーの場合では、800万人以上となっています。この数は近年大幅に増加しており、特に都市部で増え方が大きくなっています【図3-3】。

【図3-3】店舗まで500m以上で自動車がない人口の推計（65歳以上）

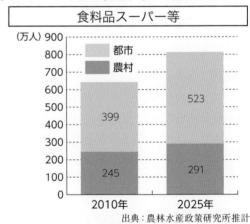

出典：農林水産政策研究所推計

食料品の買い物に限らず、暮らしている地域から店舗や公共施設がなくなったり、公共交通機関が不便になったりすることは、高齢者の外出を減らすことにつながります。外出が減ることは、人付き合いの減少や健康の悪化の原因にもなりかねません。

公共交通機関の廃止に対しては、地方自治体などが運行するコミュニティバスやオンデマンドバスで代替することが試みられています。

コンパクトシティ

地域の店舗や公共施設、公共交通機関が減少していることは、日本全体の人口減少とも関係があります。高度経済成長期を中心とした人口が増加していた時代に、都市の郊外へと住宅地は広がっていきました。人口の増加が終わり、減少していくこれからの時代では、反対に住宅地を集約し、インフラの整ったコンパクトなまちづくりを進めていこうという考え方をコンパクトシティといいます。

住宅地が大きく広がっていると、道路や水道、電線などの維持にも経費がかかり、電車やバスを維持するのも困難になります。郊外の利用を抑制し、都心に人を集めることで、中心市街地の活性化にもつながることが期待されていますが、住み慣れた家や地域で暮らし続ける自由をどのように考えるかという問題もあり、実現は容易ではありません。

ソーシャル・キャピタル

社会や地域における人々の信頼関係や規範、ネットワーク（紐帯）のことをソーシャル・キャピタル（社会関係資本）といいます。人々が互いに信頼して協力して行動すると、社会の効率性や生産性が高まり、全体が活性化するという考え方に基づいているので、資本という言葉が使われています。人々のつながりが、そこに生きる人たち全体にいい影響をもたらす原資になるということです。

ソーシャル・キャピタルは、結合型（結束型）と橋渡し型の二つに区別されます。結合型は、身近な人や組織内部の人との同質的な結びつきであり、またそういった人への信頼や互酬性の規範のことです。互酬性の規範とは、自分が相手に何かをしてあげれば、相手もお返ししてくれると期待できることです。橋渡し型は、知り合い程度の関係の遠い人や組織の外の人とのつながりであり、匿名の他者に対する薄い信頼（一般的信頼）や互酬性の規範（一般的互酬性）のことです。

ソーシャル・キャピタルの豊かな地域ほど、経済成長率や出生率が高く、犯罪や虐待が少ないことが知られています。それだけでなく、ソーシャル・キャピタルは、そこで暮らしている人たちの健康にもいい影響を与えるという研究成果も出ています。一人ひとりが地域に参加し、つながりをつくっていくことは、自分だけでなく周りの人にも恩恵をもたらすことになるのです。

〈2つのソーシャル・キャピタル〉

結合型	橋渡し型
強い紐帯	弱い紐帯
信頼	一般的信頼
互酬性の規範	一般的互酬性

第 3 章の確認問題

下に述べられていることの正誤をそれぞれ答えてください。

❶ エイジズムには高齢者への偏見や差別の態度、差別の行為や制度などが含まれる。

❷ 日本人の高齢者においては、夫婦や子どもよりも、親しい友人・知人などへの精神的依存度が高い傾向が見られる。

❸ 地域において「新しいつながり」を求め、主体的につながっていくために、かつての職種・肩書き・立場を活用していくことが必要となる。

❹ 特技や趣味の情報は積極的にアピールしていくのが、地域デビューの心得の一つである。

❺ 住宅地を集約し、インフラの整ったコンパクトなまちづくりを進めていこうという考え方をコンパクトシティという。

(答え)　①○　②×　③×　④○　⑤○

第4章

老化予防・
介護予防

1 食生活

2 運動習慣

3 ストレスと休養

4 お酒とタバコ

5 医療と保健

6 健康食品・サプリメント

7 介護予防

8 低栄養の予防

9 運動器の機能向上

10 認知症やうつの予防

11 口腔ケア

12 住まいと住まい方

第6章

第5章

第4章

第3章

第2章

第1章

1 食生活

学習の
ポイント

> きちんと食べているつもりでも、食べ方や食べる物が偏り、豊かな食生活から離れていることがあります。食生活のポイントを理解しましょう。

高齢者に必要な栄養

下の【図4-1】は、毎日とらなければならない栄養素について、75歳以上の高齢者と若者（18〜29歳）では必要とする量にどのくらい差があるのかを見たグラフです。高齢になってもエネルギーをはじめ、各栄養素は若いときとそう変わらずに摂取しなければならないことがわかります。たんぱく質は若者と同量です。

【図4-1】高齢者と若者の栄養必要量の比較

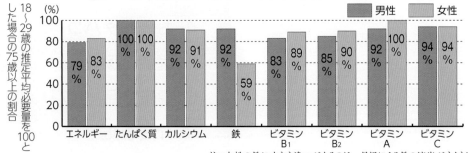

注：女性の鉄に大きな違いがあるのは、月経による鉄の流出がなくなるため。
出典：厚生労働省『日本人の食事摂取基準』2020年版より作成

食べ物の栄養や、健康に関する影響を科学的根拠も確認せずに過大に信じることを、フードファディズムといいます。肥満を防ぐための"アブラ"断ちや、年を取ったら肉よりも魚がよいといった偏見と盲信こそ、このフードファディズムです。また、明らかに誇大広告をしている会社の健康食品に冷静な判断ができなくなる現象も、一種のフードファディズムといえるでしょう。

食べ物は一つの食材の中にいろいろな栄養や成分が含まれ、さらにいくつかの食品を組み合わせて食べることで、体の中で効率よく働きます。だからこそ、栄養摂取はさまざまな食品群からのバランスが大事なのです。フードファディズムに陥らず、いくつになってもバランスよく食べることが、老化予防に重要なことです。

また、ものを食べるために必要な咀嚼能力を維持することは、脳機能の活性化にも健康余命を長くすることにもつながります。

筋肉を維持するためには、たんぱく質の摂取が不可欠です。筋肉量が低下し、下肢の筋力が衰え、歩行機能が低下することをサルコペニア（筋肉減少症）といいますが、サルコペニアの予防にも十分なたんぱく質の摂取が大切です。

血中成分と老化の関係

アルブミンは血液中にあるたんぱく質の一つで、アルブミンの量が栄養状態のよしあしを反映しているとともに、免疫力や生活機能、生存率に大きく関わっていることが判明しています。

健康そうに見えても、知らないうちにアルブミン値が低下していることがあります。これは、今は何とか健康を保っていても、健康を維持する余力がなくなってきている状態です。アルブミン値は栄養状態の物差しです。肉や卵、乳製品などの動物性たんぱく質食品を食べることによって、アルブミンが増えます。"粗食は長生き"という偏見に惑わされず、動物性たんぱく質をきちんととりましょう。

コレステロールは細胞膜を形成する脂質で、血管の強化、維持に重要な役割を果たしています。各種ホルモンや脂肪の消化を助ける胆汁の材料にもなっています。ビタミンDの合成にも使われ、生命維持のためには、なくてはならない成分です。コレステロールが増え過ぎると動脈硬化が進行するため、悪者扱いされていますが、総コレステロール値が低下すると老化が早まり、日常的な活動能力が低下することや、生存率の低下に関与することがわかっています。

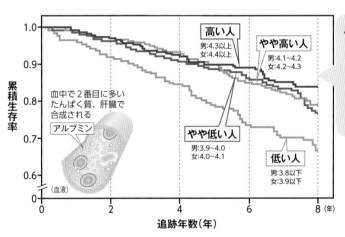

〈血清アルブミンと生存率〉
小金井市および南外村の在宅高齢者 1,048 人を 8 年間追跡したデータを見ると、アルブミン濃度が高い人の方がその後の生存率が高いことがわかります。

〈コレステロールと活動能力の低下〉
(血清総コレステロール三分位別「老研式活動能力指標」得点低下者の出現率)

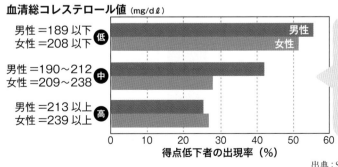

小金井市の 65 ～ 84 歳の高齢者で、初回調査時から 2 年間で、P33 に挙げた日常的な活動能力チェックの得点が低下した人が最も多いのは、総コレステロール値が低かった群でした。

出典：Shibata H. ほか J Epidemiol 6巻 178頁 1996

2 運動習慣

学習の
ポイント

> 筋力が衰え、足腰が弱くなってくる原因は、年齢のせいよりむしろ、日ごとに使わなくなるためです。無理なく続けられる体操や筋トレで筋力を維持することが大切です。

適度な運動とは

運動は健康にとってなくてはならないもので、特に中年期では生活習慣病の予防の手段として、運動が重要です。高齢期には、健康の指標として、いつまで運動ができるかといった生活機能の維持が健康づくりの目標になることが少なくありません。

運動は、血糖や血中脂質を適正な水準に保ち、自律神経機能も活性化します。また、心臓や肺、血管系の機能が向上し、疲れにくい体になります。筋力や骨、関節機能も強くなり、転倒予防につながります。また、加齢による心身機能低下を抑制する効果があります。

運動を行う際には、運動の種類、強度、時間、頻度などを、年とともに変わってきている自分の運動能力に合わせる心掛けが重要です。

筋力の維持・向上の基本は「歩行」です。しっかりと足を持ち上げて歩けば、ひざや股関節を動かす筋肉が強くなります。また、腹筋や背筋なども鍛えられ、バランス感覚や敏捷性も高く保てます。負荷は大きくない歩行ですが、歩けば歩いた分だけ筋力の維持・向上につながります。

手も足もきちんと動かして歩けば、全身の7〜8割の筋肉が働いているといわれています。多くの筋肉が持続的に活動しているほど、よい有酸素運動になります。

また、普段歩いている速度が速い人のほうが、筋肉がしっかりついているので転倒なども少なく、歩行が遅い人よりも約3倍、身体機能低下による障害の発生度合いが少ないことがわかっています。

体を使わずに動かさないでいると、どんどん筋肉が落ちてしまいます。大切なのは、日常的に運動習慣を持って、いつまでも体を動かしておくことです。

〈普段歩いている速さ別に比較した「からだの障害」の発生（6年間）の危険度（TMIG-LISA）〉

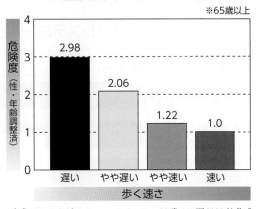

出典：Shoji S.ほか Age and Ageing 29巻441頁2000より作成

日常生活の中の運動

体を動かす機会を増やすには、仕事や趣味、ボランティア活動、家の中のこと、地域活動などを年齢や能力に応じて積極的に続けていくことです。

家事は、一番身近に実践できる身体活動です。布団の上げ下ろしや布団干し、雑巾絞りなどはよい筋力トレーニングになります。

また、通勤や買い物のための歩行は持久力の維持に役立ち、入浴の際に体のすみずみまで念入りに洗うことなども、敏捷性、柔軟性、平衡性（バランス感覚）、巧緻性など多くの運動機能の維持・向上に役立ちます。まずは、これらの身近にできる生活習慣型の運動を取り入れてみましょう。

MEMO

日常生活の基本体力

● 姿勢

背骨が丸くゆがむことを円背といいます。年とともに円背になると重心が前に偏りやすく、ますます円背が進行します。前傾にバランスが崩れるために、足も上がりにくく、つまずきやすくなったり、転倒しやすくなったりします。「正しい姿勢を保っている」。これが生活体力の大きな指標の一つといえるでしょう。

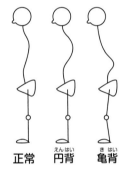

正常　　円背（えんぱい）　　亀背（きはい）

円背は背中全体が丸くなる状態。亀背は一部分がゆがんで曲がっている状態で、一般的に腰の曲がった高齢者が亀背です。どちらも、徐々に進行した脊椎の圧迫骨折によるものです。

● 握力

ぎゅっと握って回さなければならない蛇口やドアノブがつらくなってきたら、老化のサインでもあります。握力は思っている以上に生活体力のものさしです。右の図にもあるように、適度な運動をしないと握力も落ちてくるので気をつけてください。

● 脚の筋力

人間の脚の筋肉は1年に1%ずつ減少し、運動などで刺激し続けないと、どんどん減少していきます。生活体力が低下し、横になっている時間が多くなるほど、足腰が弱くなり、バランス能力の低下から転倒しやすくなるので、要注意です。

運動の習慣別体力

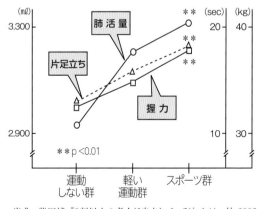

出典：柴田博『8割以上の老人は自立している！』ビジネス社 2002

　運動を全くしない暮らしでは、生活体力低下のサインである、握力も片足立ち能力も肺活量も、一緒になって低下してしまいます。

3 ストレスと休養

心豊かに人生を過ごすには、ストレスコントロールが欠かせません。そのためにも「睡眠」と「入浴」の正しい知識を知っておきましょう。

ストレスとストレスホルモン

ストレスがたまってくると、筋肉が凝ったり、血圧が上がったり、血流が悪くなったりします。便秘や下痢になることもあります。これらは、ストレスホルモンが正常な生体活動を乱しているのです。副腎からカテコールアミンやコルチゾールといったストレスホルモンが分泌され続けると、心の病気だけでなく、体の病気も生じやすくなります。免疫力が低下してかぜなどの感染症に弱くなるだけでなく、自律神経失調症状に悩まされることも多くなります。また、ストレスから高血圧や糖尿病などが発症する「心身症」にも、ストレスホルモンが大きく関与しています。

睡眠

高齢になると不眠の訴えが多くなってきますが、年とともに睡眠の質や量は変わってくるのが普通です。睡眠には、体を休ませる「浅い睡眠」（レム睡眠）と、脳を休ませる「深い睡眠」（ノンレム睡眠）があります。一般的には【図4-2】の成人のパターンのように、「浅い睡眠」と「深い睡眠」が交互に現れながら約90分の周期で繰り返され、朝を迎えます。しかし、高齢者のパターンを見るとわかるように、「深い眠り」が減り、「浅い眠り」の途中でも度々目を覚ましています。

肉体的、精神的活動量が減ってくれば、睡眠は浅くなりがちです。また生活のメリハリがなくなり、昼にうたた寝などをしていれば、中途覚醒や早朝覚醒が多くなります。生活の変化とともに、睡眠の質と量にも加齢変化が現れるようです。

睡眠をとっているのに、眠った気がしない。寝つきはよくても、熟睡感がなく、起きると頭痛がする。そしていつも疲れがとれず、日中強い眠気に襲われる。このような人は、睡眠時無呼吸症候群（SAS）かもしれません。

SASは、太っている人に多く、眠ると舌がのどの奥に落ち込んで睡眠中にときどき呼吸が止まってしまう病気です。

60歳以上に多く、度々の低酸素状態が病的老化を進めます。その上、深い眠りが減るため、成長ホルモンの分泌が減り、病的老化がさらに促進されます。

【図4-2】加齢に伴う睡眠の変化

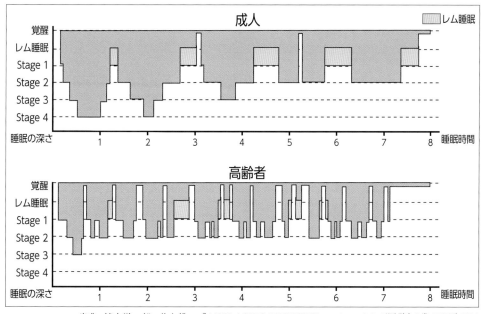

出典：植木洋一郎・井上雄一『ANTI-AGING MEDICINE アンチ・エイジング医学』6巻 173頁 2010

入浴

　入浴には、目に見えない「温度」「浮力」「水圧」「抵抗」という4つの作用があります。まずお湯の温度によって毛細血管が拡張し、血行がよくなります。ぬるいお湯にゆっくりつかると、副交感神経が働いて心もリラックスします。また、浮力によって筋肉への負荷がなくなり、凝りや痛みが緩和されます。さらに水圧がかかるので、静脈中の血液が心臓に戻るのを助け、老廃物の排せつをよくします。そして水の抵抗が働いているので、湯船の中で体を動かすと水中運動と同じ効果で、運動にもなります。ただし、入浴はそれだけエネルギーを消費しますので、正しい入浴法を守ることが大切です。

　熱いお湯は体の表面ばかりが温まり、体の芯まで温まっていません。これでは上に挙げた4つの作用もうまく働きません。

お湯の温度は38〜40℃が適切です。熱いお風呂は、血圧にも、心臓にも、悪影響を及ぼします。41℃以上になると、心臓への負担が大きくなります。

　自宅で入浴中に発生する高齢者の急死は冬場に集中しています。その原因は、脳卒中、心筋梗塞などさまざまですが、これらの背景には血圧の急激な変化が影響していると考えられています。

　寒い場所で服を脱ぐと、血管が収縮して血圧が上がり脳卒中の引き金になることがあります。また、熱いお湯に長く入った後では血管が拡張し、血圧が急激に下がることにより立ちくらみ（起立性低血圧）を起こしやすくなります。さらに、血圧が下がるとそれを補うために心拍数が上がり、心臓に負担がかかって心臓発作を起こすこともあります。

4 お酒とタバコ

学習の
ポイント

お酒は付き合い方を間違えると、老化を早めてしまいます。タバコは万病のもとになります。これらは高齢期にも大事な健康管理の原則です。

お酒の飲み方

日本人のほぼ半数は、アルコールが体内で分解されてできる有害物質アセトアルデヒドをさらに分解する酵素の働きが弱いため、お酒が強い人と同じ量の飲酒をすると、咽頭がんや大腸がんなどの発症率が高くなることも知られています。そして、この解毒作用は、すべて肝臓で行われています。毎日の飲酒は、肝臓を疲弊させ、肝硬変や肝臓がんの引き金にもなります。

厚生労働省の調査では、全く飲まない人よりも、飲酒量が少量の人のほうが、死亡リスクは低下しており、下のグラフのようにJカーブと呼ばれます。しかし、飲み過ぎは、死亡のリスクを高め、飲酒量が多いほど、脳出血などのリスクも高くなることがわかっています。

お酒の適量は、1日に純アルコール含有量が約20gまで。日本酒なら1合、ビールなら中ビン1本になります。週に2日程度の休肝日をつくり、アルコールを分解している肝臓を休ませることも大切です。

〈飲酒による総死亡の相対リスク〉

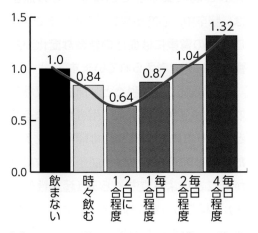

出典：Shoichiro T.ほか Am J Epidemiol 150巻 1201頁 1999

●アルコールとの上手な付き合い方
① 飲む前に水やお茶を飲んでおく
② 強いお酒は薄めて
③ ゆっくりと、自分のペースで飲む
④ 食べながら飲む
⑤ 夜遅くまで飲まない
⑥ 週に2日は休肝日

タバコは万病のもと

タバコには、約4000種類の化学物質が含まれ、その中には数十種類の発がん性物質が含まれています。日本では男性のがんの約40％、女性のがんの約5％は喫煙が原因と考えられています。【表4-1】は、非喫煙者と喫煙者のがんの危険度を表したものです。タバコといえば「肺がん」が最初に頭に浮かびます。確かに肺がんの危険度は男性で4.8倍と大きくなりますが、一番危険度が増すのはタバコの煙の通り道にあたる喉頭です。また、関係ないように思える部位でもがんの危険度が高くなることがわかります。

また、タバコを吸うことで活性酸素が大量に発生します。活性酸素は細胞を死滅させたり、機能低下を引き起こして老化を進めたりします。それに加え、タバコの煙は、粘膜を刺激するので、舌の荒れや咳、痰などの症状が、非喫煙者より2〜3倍多く見られます。中年の喫煙者の約20％は咳や痰、息切れを主症状とする慢性気管支炎や肺気腫などの慢性閉塞性肺疾患（COPD）にかかっています。

COPDとは慢性気管支炎や肺気腫など、気管支や肺胞などに治りにくい慢性の炎症が起こり、長期にわたり空気の出し入れが障害され、肺胞が壊れて酸素の取り入れや二酸化炭素の排出などのガス交換がうまくできなくなる病気の総称です。

タバコ病とも呼ばれ、若いときから喫煙している人ほど、その危険性は高くなります。症状としては、咳や痰などが継続的に続いていたり、普段は平気でも運動後に呼吸困難になったりします。

予防策は禁煙しかなく、禁煙は早ければ早いほど、COPDにかかる危険性が低くなります。

禁煙外来とは、タバコをやめたい人向けの専門外来です。医師の指導によって禁煙プログラムを進め、必要に応じて禁煙補助剤を使用して、禁煙の補助をしてくれます。また、一定の条件を満たすことで健康保険適用の対象にもなります。

自分一人で禁煙をしようとしてもうまくいかない、禁煙のきっかけがつかめないなど、禁煙しようと考えていても踏み切れない人や、禁煙をしていても挫折してしまう人などに有効な手段は禁煙外来です。

【表4-1】非喫煙者と比較した喫煙者のがんによる死亡の相対リスク

	男	女
全がん	2.0 倍	1.6 倍
口唇・口腔・咽頭がん	2.7 倍	2.0 倍
喉頭がん	5.5 倍	—
食道がん	3.4 倍	1.9 倍
肺がん	4.8 倍	3.9 倍
肝臓がん	1.8 倍	1.7 倍
胃がん	1.5 倍	1.2 倍
膵臓がん	1.6 倍	1.8 倍
尿路がん（膀胱・腎盂・尿管）	5.4 倍	1.9 倍
腎がん（腎盂を除く）	1.6 倍	0.6 倍
子宮頸がん（女）		2.3 倍

出典：Kota K.ほか Journal of Epidemiology 18 巻 251 頁 2008

5 医療と保健

学習の
ポイント

高齢期にはますます医療や保健と関わることが増えてきます。医者への上手な
かかり方とさまざまな健診の特徴・利用法を知っておきましょう。

医者へのかかり方：かかりつけ医から専門医へ

　年齢とともに抱える慢性病の数が増えてきたり、身体機能が低下して、介護保険の申請が必要になってきたり、医者との付き合いの頻度も多くなってくるからこそ、体調の変化などをトータルに把握してくれる、かかりつけ医の存在が重要になってきます。特に現在の医療機関のすみわけや、医療と介護の連携なども、かかりつけ医中心に機能する仕組みになっています。

　インフォームド・コンセントとは、日本語では「説明と同意」と訳されます。治療やケアの内容をきちんと説明された上で、患者本人がそれを理解して承諾することです。しかし、実際には半ば説得されて「同意」しているか、ただ「全部お任せします」と言って説明を受けていない人も少なくありません。そんなケースほど、医者との間に疑心暗鬼が生じ、治療がうまく進みません。主体的に説明を受け、納得して自身で治療の選択をすることが大切です。

　がんなど、これから手術や副作用が考えられる治療に向かっている場合、本当にこの方法でよいのか、自分で決めるときの大事な判断材料がセカンド・オピニオンです。セカンド・オピニオンは医者を替えることではなく、あくまでも第2の意見を聞くことです。セカンド・オピニオン外来は、基本的に全額自己負担です。

　生活習慣病や老年症候群などはいくつかの検査を行い、その結果を見ながら経過観察をして診断に至ることが多いものです。その途中で受診を中断してはいけません。

〈必要な医療機関や施設を紹介〉

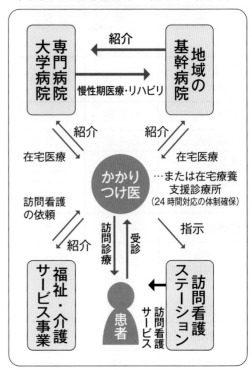

かかりつけ歯科医

　口腔ケアが全身の健康、および介護予防のためにも重要であることが広く理解されるようになり、かかりつけ歯科医の存在も大切な健康管理の一つに挙げられています。歯科のみでなく、医療・介護の幅広い分野にも関心をもつ担当の歯科医師を選びましょう。

健康診断

　特定健康診査は、40〜74歳が対象で、糖尿病や脂質異常症、高血圧などの生活習慣病を早期発見するために、メタボリックシンドロームに着目した健診です。腹囲が検査項目に含まれ、該当者には特定保健指導も行われます。特定保健指導とは、特定健診後に行われる保健指導で、リスクの程度に応じて、動機付け支援、積極的支援の2段階に分かれます。

　後期高齢者医療健康診査は、75歳以上の人が受ける健診です（65歳以上の障害認定の人を含みます）。75歳になると、後期高齢者医療制度に加入します。

　健診以外の検査の中で重要なものに、がん検診があります。がん検診は、がんの早期発見・早期治療によって、死亡率を下げることが目的です。女性は、乳がん検診は40歳以上、子宮がん検診は20歳以上になったら、2年に1回は受けることが大切です。

　また、65歳以上の高齢者（要支援・要介護認定を受けている人を除く）を対象とした介護予防事業として、基本チェックリストや問診などにより身体機能をチェックし、生活機能の低下を未然に防ぐ取り組みも行われています。これは市区町村によって行われ、健診と一緒に実施されることがあります。その結果が「生活機能の低下あり」と判定された人は、介護予防教室などへの参加が推奨されます。

知っておきたい医療機関の種類

●診療所
　入院病床がないか、20床未満の医療機関。

●地域医療支援病院
　ほかの病院または診療所からの紹介患者を優先的に受け入れる病院。救急医療も提供している。原則として200床以上。

●一般病院
　特に専門的・先進的治療を必要としない、20床以上のもの。

●特定機能病院
　高度医療の提供、開発、研究を行うために国が指定した医療機関で、病床数400床以上の病院。具体的には大学病院や国立病院、国立がんセンターなど。

6 健康食品・サプリメント

健康食品やサプリメントへの関心も高まっています。一方で、健康食品による健康被害の問題もあり、正しい知識がより強く求められています。

「健康食品」とは

健康の保持増進に役立つとされる食品全般を一般的に「健康食品」と呼び、中でも特定成分などが凝縮された錠剤やカプセル形態の製品を「サプリメント」などと呼んでいます。しかし、これらは法律で定められた用語ではなく、一般的に使わ

れている呼称にすぎません。

サプリメントも含めて一般的に「健康食品」と呼ばれているものは、下に示したように、国が定める一定の条件を満たした「保健機能食品」と、それ以外の「いわゆる健康食品」に分けられます。

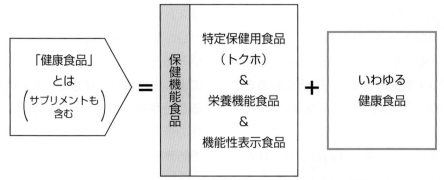

出典：国立健康・栄養研究所ホームページをもとに作成

口から摂取するものは、医薬品、医薬部外品及び再生医療等製品以外はすべて食品に当たり、食品に医薬品のような効能効果を表示することは認められていません。しかし、国が認めている「保健機能食品」は例外です。「保健機能食品」の中には、有効性・安全性ともに国が個別の商品ごとに審査した上で許可している「特定保健用食品（トクホ）」、人における有効性・安全性が蓄積しているビタミンやミネラルを含む「栄養機能食品」、事業

者が科学的根拠に基づいて「おなかの調子を整えます」「脂肪の吸収をおだやかにします」など、特定の目的が期待できることを国に届け出ている「機能性表示食品」があります。

また、市場に流通している「健康食品」には「いわゆる健康食品」（健康補助食品や栄養補助食品）のほうが圧倒的に多いため、（公財）日本健康・栄養食品協会では規格基準を作成し、品質を保証できるものにJHFAマークの表示を許可しています。

ただし、このマークは品質の保証であり、効果の保証ではありません。

医薬品と同じ名称の原材料を含む健康食品やサプリメントもありますが、含有量も品質基準も全く異なります。「健康食品なら副作用がない」「天然物だから食品のほうが安全」などといった誤解をして薬代わりにする人がいますが、大きな間違いです。たとえトクホであっても、健康維持・増進には役立つものの、薬の代わりにはなりません。

〈トクホマーク・JHFAマーク〉

[　　　トクホマーク　　　]

特定の保健機能の有効性と安全性に関する科学的根拠の審査を受け、消費者庁長官の許可を受けた食品にトクホマークがついています。条件付きのマークは、一定の有効性が確認されるものの、トクホより限定的な科学的根拠であるもの。

[　　　JHFAマーク　　　]

「健康食品」の正しい知識の普及に努める（公財）日本健康・栄養食品協会（JHFA）が審査して一定の規格基準を満たすと認めたものに許可しているマークです。

また、健康食品の安全性自主点検に関する認証制度も開始されており、健康食品安全性自主点検認証登録マークも定められています。

抗酸化成分の基礎知識

体内で生じる活性酸素が細胞の老化を進め、生活習慣病やがんなどの疾病を生じやすくすることが知られています。そのために、年を取るほど抗酸化成分が大切になってきますが、ひと口に抗酸化成分といってもさまざまです。主な抗酸化成分としては、ビタミンやミネラルから、コエンザイムQ10のようなビタミン様物質、植物性食品に含まれるフィトケミカル（機能性成分）などがあります。

その中でも、ビタミンA・D・E・Kは脂溶性ビタミンといい（DEKAと覚えましょう）、過剰にとると体内に蓄積し、過剰症を引き起こすおそれがあります。近頃、骨粗しょう症や生活習慣病の予防改善にビタミンDが期待されていますが、これも脂溶性で過剰摂取は高カルシウム血症や低リン酸血症を引き起こすおそれがあります。

また、βカロテンの摂取ならビタミンA過剰障害はないものの、変換されなかったカロテノイドの過剰が問題となり、やはり大量投与は有害であるという結果が報告されています。

7 介護予防

学習の
ポイント

高齢化が進むにつれ、介護を必要とする高齢者は増加する一方です。いつまでも生き活きと自分らしく生きるために「介護予防」について理解しておきましょう。

介護予防とは

　年を取っても、元気で自分らしく生活したいという思いを実現するための手立てが「介護予防」です。介護予防は、単に高齢者が要介護状態になることを防ぐだけではなく、要介護状態の軽減、あるいは悪化の防止を目的として行われる幅広い概念です。

　65歳以上の主な死因は、悪性新生物（がん）、心疾患（心筋梗塞や狭心症）、肺炎、脳血管疾患（脳梗塞や脳出血）などですが、

介護が必要となる原因は、生活機能の低下を招く、認知症、骨折・転倒、関節疾患、高齢による衰弱などが約5割を占めます。これらは早期に取り組めば予防・改善できるものであり、また、支援を必要とする状態であったとしても、「介護予防」を行うことで生活の自立や元気を取り戻せることがわかっています。また、それ以上状態を悪化させないようにすることも可能です。

〈65歳以上の要介護者等の性別にみた介護が必要となった主な原因〉

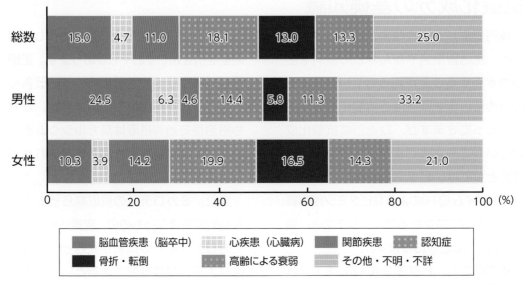

出典：厚生労働省『国民生活基礎調査』令和元年

介護予防事業の変遷

2005年の介護保険法改正では「介護予防」をより重視するため、予防給付が見直され、地域支援事業が創設されました。2014年からは、要介護状態となっても、住み慣れた地域で自分らしい生活を続けることができるよう地域内で助け合うしくみである「地域包括ケアシステム」をつくるため、地域支援事業における介護予防事業（一次予防事業及び二次予防事業）を再編し、通いの場の取り組みを中心とした一般介護予防事業が創設されました。

さらに、2019年の改正では、住民に身近な立場である市町村が中心となり、健康課題にも対応できるような通いの場や、通いの場を活用した健康相談や受診勧奨の取り組みの促進等、保健事業と介護予防との一体的な取り組みが推進されています。それにより、医療、介護、保健等のデータを一体的に分析し、高齢者一人ひとりを必要なサービスにつなげるとともに、社会参加を含むフレイル予防などの取り組みまで広げていきます。

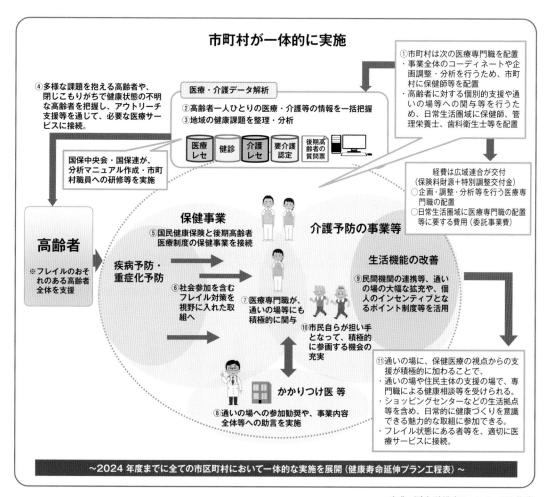

出典：厚生労働省ホームページより作成

8 低栄養の予防

学習の
ポイント

身体機能の低下にも、転倒や骨折、病気にもつながる"低栄養"。低栄養の予防は、高齢者がまず気をつけなければならないテーマです。

低栄養とは

　飽食の時代、栄養のとり過ぎが問題にされがちですが、高齢期では、むしろ「低栄養」になる人が少なくありません。

　老化が進むと体重や体脂肪が減り始め、血液中のアルブミン、コレステロール、血色素などが減少してきます。そこに低栄養が重なると、血中アルブミン値が顕著に減り始め、老化が加速します。体重が減り、筋力が弱まって転倒・骨折を起こしやすくなります。抵抗力が低下して病気にもかかりやすく、寝たきりへとつながってしまいます。

　実際、75歳を過ぎると低体重者が増加します。ダイエットでなく、徐々に体重が減っている人は、低栄養になっているかもしれません。

　低栄養には、適切な食物摂取ができないこと、その他の原因によって栄養状態が悪化していることの双方の意味が含まれます。

　先進国では、エネルギーやたんぱく質は足りていても、繊維質やマグネシウム、葉酸などの摂取が不足するタイプの低栄養が生じます。一方、開発途上国の低栄養は、総エネルギーやたんぱく質が不足しています。高齢者の場合は、先進国においても後者のタイプが多く見られます。

〈75歳を過ぎると低体重者が増加する傾向〉

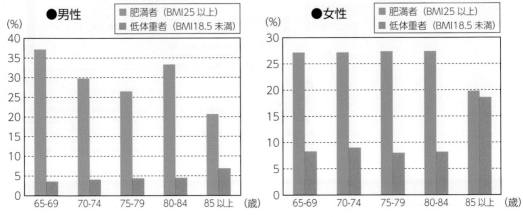

出典：厚生労働省『国民健康・栄養調査』令和元年

70

低栄養の原因

　高齢者だけの世帯や独り暮らしになると、買い物や調理が面倒くさくなり、簡単な食事で済ませがちです。また、かみ合わせや、入れ歯の具合が悪いと咀嚼（そしゃく）しづらく、飲み込む機能も低下するため、偏食や欠食を招き低栄養になりやすくなります。

〈こんなときは低栄養の危険あり!〉

うつ状態	ある
血中コレステロール	160mg／dℓ未満
血中アルブミン	4g／100mℓ未満
体重減少	1カ月で約1kgくらい または、6カ月で約2.5kgくらい
摂食障害	身体的・認知的な障害で摂食が困難
買い物	経済的理由や不便さから、 あまり行かない

出典：柴田博『肉を食べる人は長生きする』PHP研究所 2013

　低栄養を予防するのに最も大切なのは「バランスのよい食事」です。特に、血中アルブミン値を上昇させるには、動物性たんぱく質を含む肉と魚をバランスよく摂取する必要があります。下の10種類の食品をほぼ毎日食べている人は、生活機能低下のリスクが少ないことがわかっています。また、適度に油をとると知的意欲の低下を防ぐこともわかっています。

〈毎日食べたい10食品群〉

肉　　油脂　　牛乳・乳製品　　海藻　　緑黄色野菜
果物　　魚介　　卵　　大豆や大豆製品　　いも

出典：柴田博監修『今日から実践! 安心食生活』社会保険出版社 2010

脱水にも注意を

　1日に身体に入ってくる水分は、飲み物からの約1.5ℓと、食事とその代謝水からの約1ℓ、合計約2.5ℓにもなります。食事があまりとれない場合は、飲み物からの水分摂取を増やす必要があります。さらに発熱がある場合には、平常時より1ℓ程度水分摂取を増やす必要があります。

9 運動器の機能向上

学習の
ポイント

運動器の機能の向上が、筋力の維持、転倒による骨折の予防、尿失禁の改善につながることとその方法について理解しましょう。

筋力の低下は、生活の質の低下を招く

年を取るにつれて動作が遅くなり、転倒を恐れて活動範囲が狭まると、筋力はますます低下し、日常生活に支障をきたすようになります。反対に、筋力をつけると身体活動量が向上し、若々しい生活を送ることで、さらに活動量が増えて心身の機能が高まるという好循環が生まれます。

筋肉を鍛える筋トレには、留意点があります。それは、栄養状態が悪いと逆効果だということです。筋肉はトレーニングの刺激を受けて分解し、以前にも増してたんぱく質を取り込んで筋肉量を増やしますが、低栄養でたんぱく質が不足していれば、分解だけが進み、かえって筋肉の萎縮が生じてしまいます。

転倒予防

住み慣れた家の中の小さな段差や平らな道などで転倒して骨折し、ますます身体機能が低下してしまう人も少なくありません。骨粗しょう症があると、ちょっと尻もちをついただけでも骨折しやすいので注意が必要です。

【表4-2】のように、転倒を招く要因には内因的なものと外因的なものがあります。内因的なものとして、まず筋肉や骨量の低下がありますが、視力障害や薬物の副作用も原因になります。また、加齢に伴い足を引きずるような歩き方になり、じゅうたんの端などにつまずき転倒することが多くなります。

転倒を予防するというと、すぐに、バリアフリー化がいわれますが、転倒の実態を調べていくと、誰の目にも明らかな段差はリスクになりません。じゅうたんの端のように、ちょっと見ただけでは段差に見えないようなものがリスクとなっています。

現在の自分が、どのくらい転倒しやすい状態にあるかチェックしておくことも予防の一つです。

交差点の青信号は、1秒間に1m歩くことを基準に設定されています。信号が青のうちに、普段歩く速さで楽に横断歩道を渡れる人は、転ぶ心配はなさそうですが、普段歩く速さで信号を渡りきれない人は、転ぶ危険性が大です。

【表4-2】転倒を招く要因

内因性	外因性
●筋肉や骨量の低下 ●すり足歩行 ●視力の低下 ●不注意（非日常的動作） ●バランス・平衡感覚の低下 ●循環器・神経系の疾患 ●薬の副作用 　（中枢神経系の薬、血糖降下薬など）	●外出時より在宅時が多い 　◉敷物の端やコード 　◉照明不足 　◉滑りやすい浴室　など ●外出時は判別しにくい箇所 　◉道路の段差 　◉乗り物の乗降場所 　◉上りのエスカレーター　など

転倒を予防するポイント

　転倒しない体づくりとともに大切なのが、転倒しない生活環境づくりです。家の中や外出先には、たくさんの「転ぶ原因」があります。自分で思っている以上に足や爪先が上がっていないので、慣れ親しんだ自宅の階段やちょっとした段差につまずいて転ぶことも少なくありません。部屋が散らかっていると、新聞を踏んだ拍子に滑って転んだり、コンセントのコードに足をひっかけて転んだりします。

　玄関や廊下などは、足元に照明をつけるなど、ちょっとしたアイデアで転倒を防ぎましょう。

尿失禁の予防・改善

　尿失禁とは、日常のふとした拍子に、自分の意思とは関係なく尿がもれてしまう状態です。

　尿失禁は男女共通の症状ですが、圧倒的に女性に多く、40代以上の女性の３人に１人は尿もれの経験があるといわれています。高齢になるにつれて増加する傾向にあり、高齢者の場合、尿失禁が頻繁に起こるようになるだけでなく、尿もれの程度が激しくなっていきます。

　女性の場合、尿失禁のうち最も多いのは、腹圧性尿失禁です。骨盤の下方にある骨盤底筋は、尿道や肛門を締めるときに働く筋群ですが、この骨盤底筋が緩むと、おなかにちょっとした圧力がかかるだけで尿がもれてしまうのです。

　尿失禁自体は、生命維持に直接関わる病気ではないため軽視されがちです。しかし、尿失禁への不安が強いあまり外出や仕事を控えるようになると、活動範囲が狭まるため、身体機能が低下して生活に支障が出たり、ひいては閉じこもりの原因になったりします。

　尿失禁の予防・改善に効果的な方法が、肛門、腟、尿道を締めたり、緩めたりする骨盤底筋体操です。尿失禁の予防・改善ができるだけでなく、日常生活の活動範囲も広がります。

10　認知症やうつの予防

学習の
ポイント　認知症の症状の軽減やうつを予防するためには、それぞれの原因や症状について
よく理解しておくことが重要です。予防や対処の方法を知っておきましょう。

認知症とは

　認知症とは、脳の細胞に異変が起きて認知機能が低下し、日常生活が困難になった状態です。老化に伴う物忘れの段階から認知症に進行するまでの予備段階で治療を開始すれば、進行をくい止めたり、軽減することができるケースもあります。

　老化に伴って脳は萎縮しますが、脳が萎縮した人のすべてが認知症になるわけではありません。常に脳を使っていれば、健康な部分の脳が代償するので、ある程度の機能はカバーできます。

　認知症になりかけたときに低下する3つの能力があります。この3つに普段から気をつけておくことが大切です。

　1つ目は、エピソード記憶です。低下すると、少し前に食べたもの、買ったもの、会った人、話したり聞いたりしたことなどが思い出せなくなります。日記や家計簿をつけることが問題の軽減になります。

　2つ目は、注意分割機能です。低下すると、注意を配りながら2つ以上のことを同時に行うことが難しくなります。料理や掃除などの家事をいつもと違う方法で行ったり、同時に行ったりすることを心掛けましょう。

　3つ目は、計画力です。低下すると、買い物や料理など、段取りや計画を立てて行動する必要のあることができなくなります。隣まちの商店街など、普段とは違う所に行ってみたり、普段と違う道で行ってみるとよいでしょう。

うつへの対処

　高齢者のうつ病や、うつ症状の原因は、さまざまです。うつ病が進行すると、興味や感情を喪失し、今まで楽しめたことが楽しめなくなり、閉じこもりを招きます。身体的にも衰弱し、最悪の場合、自殺することもあります。早期発見・早期対処が必要です。

　また、物忘れが多い、集中力がない、物覚えが悪いといった症状は、うつ病と認知症とに共通する症状のため、区別がつかないことがあります。認知症と間違われやすいことも高齢期のうつの特徴です。

　また、うつ病の疑いがあるときは、決して励ましてはいけません。「そんなに老け込んでいないで」などという言葉や励ましは、かえって心理的に追い詰めることになるので禁物です。

高齢期のうつ予防には、以下の5項目の実践が考えられます。

(1) 積極的に地域の活動に参加する

同世代や同じような境遇の人と交流することにより、気分をリフレッシュすることができ、健康に関する正確な情報を得ることもできます。

(2) 睡眠の質を上げる

質のよい睡眠をとっていれば、睡眠時間が短くても、昼間に元気に活動することができます。高齢になって睡眠時間が短くなること自体は心配いりません。

(3) 物事は臨機応変に考える

今日しなくてもよいことは明日に回す、悩みごとは寝る前よりも起きてから考えるなど、精神的に疲れている人は考え方を変えて、精神的なゆとりを持つことが大切です。

(4) 心身がリフレッシュできる場所で過ごす

気分転換のために無理して出かけるのではなく、本当に自分の気持ちが落ち着く場所を選び、心身のリフレッシュをすることが大切です。

(5) 悩みをゆっくりと話す

解決への第一歩は、悩みを打ち明けることです。信頼できる人や専門家に、自分のペースでゆっくりと悩みを相談してみることで解決に近づきます。

軽度認知障害 (MCI)

近年、認知症ほどではないが、正常な「もの忘れ」よりも記憶力などが低下している「軽度認知障害 (MCI)」が注目を集めています。いわゆる認知症に至る前の段階で、軽度認知障害のすべてが認知症へと進行するわけではありませんが、軽度認知障害の原因となっている疾患を放置した場合は、4年のうちに、2割ほどが認知症へ移行してしまうという調査結果が出ています。

認知症は早期発見や早期治療が大切であり、軽度の段階から治療を始めることで、認知症の進行を遅らせるなどの効果が期待できます。

軽度認知障害の症状は正常と認知症の中間の状態であり、最も多い健忘型の定義は主に5つです。

①年齢や教育レベルの影響のみでは説明できない記憶障害が存在する

②本人または家族による物忘れの訴えがある

③全般的な認知機能は正常範囲である

④日常生活動作は自立している

⑤認知症ではない

〈認知機能低下のイメージ※〉
※認知症の多くを占めるアルツハイマー病の進行イメージ

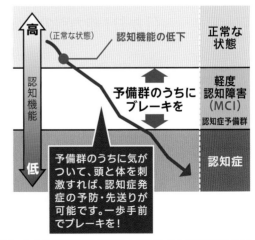

出典：鈴木隆雄監修『介護予防大作戦!』社会保険出版社 2015

11 口腔ケア

口には、「食べる」「話す」「呼吸する」という、元気に生きるために必要な多くの働きがあります。口腔ケアの重要性を認識し、QOLを高めましょう。

加齢とともに低下する口腔機能

「食べる」「話す」「呼吸する」など、人間らしく生きていく上で重要な役割を果たしているのが口腔機能です。

年を取るにつれて、ものをかむ機能や飲み込む機能が低下するため、柔らかいものばかりを食べてしまいがちです。すると次第にかむための筋力が衰え、さらにかむ機能が低下してしまいます。また、唾液腺への刺激が減って、唾液の分泌が減少するために口腔機能が低下するという悪循環も起こります。

口腔機能が低下すると、握力、片足バランス立ち時間などの身体機能が低下することが知られています。これは「かむ力」が低下して、十分な栄養が摂取・吸収できなくなるためです。食べる楽しみがなくなり、生きる気力も低下してきます。このように、全身の老化につながる口の機能の衰えを「オーラルフレイル」といいます。

また、歯や舌など口の中や入れ歯の清掃が不十分だと、細菌が増殖し、舌や上あご、ほおの粘膜などに細菌のかたまりができ、虫歯や歯周病、口臭、さらには誤嚥性肺炎の原因にもなります。誤嚥性肺炎は、高齢のため飲み込む能力が衰えたところ（嚥下障害）に、口の中の汚れ、虫歯や歯周病の放置により繁殖した細菌が、飲食物とともに誤って肺や気管支に入って発症します。高齢者にとって、肺炎は死亡につながりかねない病気です。

〈「かむ」能力別の食品摂取と栄養素のバランス〉

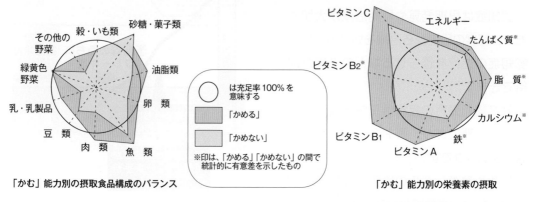

「かむ」能力別の摂取食品構成のバランス

「かむ」能力別の栄養素の摂取

出典：柴田博編著『老年長期プロジェクト情報』東京都老人総合研究所 1996

嚥下障害とは、水や食べ物が飲み込めなくなり、誤って肺のほうへ行ってしまう（誤嚥）ようになることをいいます。嚥下障害になると、栄養が吸収されないため栄養失調を起こし、肺炎（誤嚥性肺炎）などの病気にかかりやすくなります。

痛くて機能していない歯があれば、義歯をつけるべきです。義歯を完備すれば、かむ力を保つことができます。義歯を入れたら、その後の口腔ケアが重要です。ブラッシングを怠ると歯肉がやせて、義歯が合わなくなります。

口腔ケアとは

口腔ケアとは、単に歯を磨くといったことだけでなく、右の5つの事柄を含むことです。

口腔ケアは、栄養状態の改善に資するだけでなく、体力の改善やコミュニケーション能力の向上、そして認知症の予防にもつながってきます。

1. かむための筋肉（咀嚼筋）を鍛える
2. 舌の動きをよくする
3. 飲み込む力をつける
4. かみ応えのあるものを取り入れる
5. 口の中を清潔にする

〈口腔ケアに効果的な体操〉

● 「あー」「んー」の体操

①ゆっくり大きく口を開け「あー」と声を出す
②次にしっかり口を閉じて、口の両端に力を入れながら舌を上あごに押しつけるようにして奥歯をかみしめ「んー」と声を出す

①～②を3回行う

● 唾液腺マッサージ

1 耳下腺（じかせん）
2 顎下腺（がっかせん）
3 舌下腺（ぜっかせん）

● 「いー」「うー」の体操

①かみながら「いー」という口で、頬と首に張りを感じるまで左右に広げる
②そのまま「うー」と言いながら、くちびるをすぼめる

①～②を3回行う

●ブクブク＆ガラガラうがい

①水を口に含み、頬全体をふくらませて3回ほどブクブクして水を吐き出す
②水を口に含み上を向き、のどの奥で15秒ほどガラガラして水を吐き出す

かぜ予防にもなるし一石二鳥

指導・監修：東京都健康長寿医療センター歯科口腔外科部長　平野浩彦

12 住まいと住まい方

学習の
ポイント

老化予防にも介護予防にも、生活習慣のさまざまな注意が繰り返されてきましたが、日々を過ごす住まいという生活環境も非常に重要であることを知っておきましょう。

住まいと健康は急務の課題

英国では、2011年に「イングランド防寒計画」※1が策定され、寒さによる健康被害の注意喚起、寒冷気象警報、許容最低室温18℃、断熱改修工事投資の推進、貧困層への暖房燃料クーポンの配給など、住まいと住まい方の改善政策が長年推進されています。

またWHO（世界保健機構）は、2018年に持続可能な開発目標SDGsのGoal 3（健康と福祉）とGoal11（まちづくり）達成のためガイドライン「WHO Housing and Health Guidelines2」を公表し、住まいの冬季最低室温18℃以上、新築・改修時の断熱工事、夏季室内熱中症対策などを世界各国に勧告しています。

住まいは人の健康に密接に関係し、とくに室内の温熱環境は世界的にも重要なテーマです。国内では国土交通省が厚生労働省と連携して2014年度から「スマートウェルネス（健康・省エネ）住宅等推進事業」（以下SWH全国調査）を開始し、現在も継続中です。

〈都道府県別の冬期・在宅中平均居間室温〉

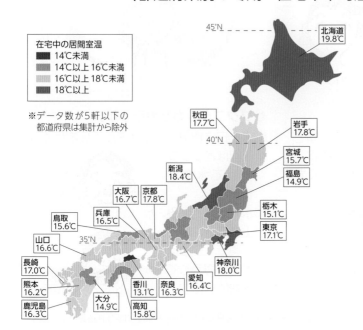

在宅中の居間室温
■ 14℃未満
■ 14℃以上 16℃未満
■ 16℃以上 18℃未満
■ 18℃以上

※データ数が5軒以下の都道府県は集計から除外

北海道 19.8℃
秋田 17.7℃
岩手 17.8℃
宮城 15.7℃
新潟 18.4℃
福島 14.9℃
大阪 16.7℃
京都 17.8℃
兵庫 16.5℃
栃木 15.1℃
鳥取 15.6℃
東京 17.1℃
山口 16.6℃
神奈川 18.0℃
長崎 17.0℃
熊本 16.2℃
香川 13.1℃
奈良 16.3℃
愛知 16.4℃
鹿児島 16.3℃
大分 14.9℃
高知 15.8℃

現在、国内には約5,000万戸以上の住宅があり、その約9割は居間の最低室温、寝室の就寝中平均室温、脱衣所の在宅中平均室温でWHOの勧告を満たしておらず、現行の省エネ基準（断熱等級4）にも適合していません※2。さらに左の図のように、温暖地ほど冬の室内が低温であることも判明しています。

断熱対策が施されている北海道のほうが冬の脳卒中によるアクシデントが少なく、冬の死亡率増加も関東の約1/2に抑えられていることとも符合します※3。

出典：Umishio W., Ikaga T. et al.:Disparities of indoor temperature in winter: A cross-sectional analysis of the Nationwide Smart Wellness Housing Survey in Japan, Indoor Air, 2020, 30(6), p.1317-1328

寒い家で暮らす健康被害がいくつも判明

SWH全国調査で国内の住まいと住まい方の実態が把握され、分析の結果判明した家の寒さと健康の関係を下に示します。

最も多い生活習慣病、高血圧では、高齢になるほど【図4-3】の起床時最高血圧が朝の室温に連動して大きく変動することが判明。80歳になると、室温が10℃下がると血圧が10㎜Hg以上上昇。男性より上昇率が高い女性は、住まいをより暖かく保つ必要があります。さらに国から補助金を受けて断熱改修を行い、起床時最高血圧に変化があるかないかを調べたところ、平均3.1㎜Hg低下し、最も血圧が下がったのは通院中の高血圧者群で、7.7㎜Hgも低下していました。

他にも、【表4-3】に挙げたように、居間床上1m（下半身を包む温度）、就寝前の室温、居間の平均温度などの寒暖差が、年

【図4-3】家庭血圧〈年齢・性別の起床時最高血圧推計〉[4]

家庭血圧 高血圧基準135mmHg

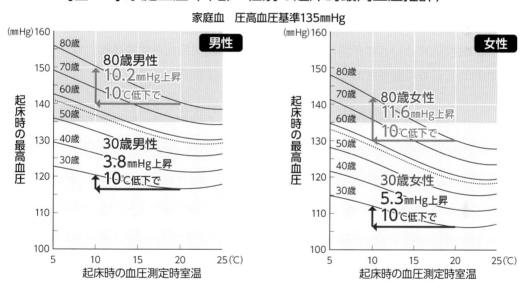

冬の朝、気温が10℃下がっていると、80歳の人は血圧が10以上上がってしまう!

【表4-3】その他[4]

※以下すべて、冬季温度

＜健診結果＞	居間床上1mの温度	18℃以上	12℃未満
Non-HDLコレステロール値の悪化 （基準値170mg／dL以上）		1.0	1.73倍
心電図の異常		1.0	2.18倍
＜夜間症状（頻尿）＞	就寝前室温	18℃以上	12℃未満
過活動膀胱の発症		1.0	1.44倍
＜要介護リスク＞	居間平均室温	17℃以上	14.7℃未満
要介護認定推定年齢		約3年の差 80.7歳	77.8歳

齢とともにリスクが増し、悪化しやすい健康課題と明確に関係していました。

いわゆる悪玉とも呼ばれるNon-HDLコレステロール値は、寒い家ではさらに高くなりやすいことが判明。また夜間頻尿が増えると、トイレまでの暗く寒い廊下などで転倒・骨折する危険も増します。

要介護リスクに関しては、2℃ちょっとの差で、要介護になる時期に約3年も差がありました。

「生活環境病」予防の医学的エビデンス

2015年度からは、断熱改修後5年経過した住まい群と、断熱改修を行わなかった群を比較する調査が始まっています。5年を経過し、データの分析を終えた分の速報を以下に示します。

生活習慣に気をつけていても、やはり年々老いが身に染みる、その心身の変化には“寒い住まい”という生活環境が大きくかかわっている可能性があります。それが「生活環境病」です。

日本人は住まいの断熱性能にあまり意識を向けてこなかった傾向がありますが、断熱性能の高い暖かい家で暮らす要介護高齢者の1年後の悪化リスクは、寒い家の人に比べて約1/3でした。他にも、「生活環境病」の予防につながる以下のエビデンス効果の大きさを高齢になるほど実感するはずです。

〈改修5年後の最高血圧の変化〉[4]

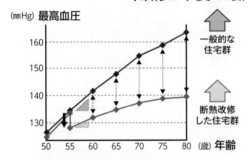

(mmHg) 最高血圧

一般的な住宅群

断熱改修した住宅群

▨ 非断熱改修住宅群の最高血圧上昇率
▨ 断熱改修住宅群の最高血圧上昇率

上記両者の差が断熱改修による最高血圧抑制効果となり、加齢に伴う血圧の上昇を2.5mmHg抑制。5年以上経過すると上昇幅の差はより大きくなると考えられ、55歳で断熱改修した左のモデルでは80歳で最高血圧値がかなり低く抑えられていると予測できます。

〈その他の改修5年後調査によって得られつつあるエビデンス〉[4]

脂質異常症の発症	（寝室温度）	12℃未満	18℃以上
		1.0	0.3 倍
夜間頻尿の発症	（就寝前室温）	18℃未満	18℃以上
		1.0	0.4 倍
つまずき・転倒の発生	（居間床上1mの夜間平均室温）	19℃未満	19℃以上
	（居間床近傍の夜間平均室温）	16℃未満	16℃以上
		1.0	0.5 倍
熱め長めの危険入浴者数	（居間・脱衣所室温）	18℃未満	18℃以上
		1.0	0.6 倍

住まいの断熱性能は「熱中症」の予防にも不可欠

　熱中症のアラートが年々強く鳴らされていますが、熱中症で最も多く救急搬送されているのは65歳以上の高齢者で、発生場所も屋内の「住居」がトップ。暑さものどの渇きも感じにくくなる高齢者ほど、家の断熱性能を高め、外気の熱から室内を守り、一定の冷房設定で適温を保つ住宅環境が強く求められます。

[熱中症による救急搬送状況]
（令和4年5月〜9月）

● 発生場所　　住宅　　39.5%
● 年齢区分　　高齢者　54.5%

（※令和4年10月28日消防庁発表）

手軽な断熱改修は窓とドア

　夏は外気の熱がいろいろな所から室内に入り込み、冬は反対に室内の暖かい空気の熱が外に逃げていきます。右の図のように、その流入・流出率が最も高いのが窓とドアです。そこで、窓ガラスを複層ガラスに交換したり、内窓をつけて二重窓にしたり、ドアを断熱性能のいい樹脂が入った断熱ドアに交換する部分改修なら、工事日数もかからず、低予算に抑えられる方法です。断熱改修には補助金が利用できることも多いので、専門の工務店などに相談しましょう。

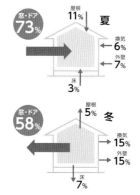

出典：一般社団法人　日本建材・住宅設備産業協会　省エネルギー建材普及促進センター「省エネ建材で、快適な家、健康的な家」

自分で始める "生活環境病" 予防

　夏は暑くて、冬は寒くて当たり前と長年暮らし、我慢強くなっているうえ、それほど暑さ寒さを感じなくなっている人もいますが、自覚はなくとも体内はダメージを受け、知らぬ間に生活環境病に蝕まれているかもしれません。自分でできることだけでも試してみてください。その工夫で寒暖に敏感になることから始めましょう。

● 居間、寝室、廊下、脱衣所に温度計を設置（居間は、一日の平均温度がわかる積算温度計を）
● 窓にプチプチの緩衝材をはりつける
● カーテンを厚手に、二重にする
● 床に断熱性のあるカーペットを敷き詰める
● 脱衣所やトイレに、パネルヒーターなどを設置する

※1　「寒さからイングランド国民の健康を守り、被害を減らすための防寒計画」
　　　Cold Weather Plan（CWP）for England, Protecting health and reducing harm from cold weather
※2　国土交通省調査によるストックの性能別分布を基に、住宅・土地統計調査による改修件数及び事業者アンケート等による新築住宅の省エネ基準適合率を反映して国土交通省が推計（R1年度）
※3　平成29年度人口動態統計特殊報告 平成27年都道府県別年齢調整死亡率の概況（厚生労働省）
※4　国土交通省補助事業　スマートウェルネス住宅等推進調査委員会　第3回中間報告会（2019. 2.1）、第5回報告会（2021. 1.26）、第7回報告会（2023. 2.14）より制作

第 4 章の確認問題

下に述べられていることの正誤をそれぞれ答えてください。

① 食物の栄養や、健康に関する影響を科学的根拠も確認せず過大に信じることをフードファディズムという。

② 歩行は無酸素運動である。

③ 入浴の際のお湯の温度は38～40℃が適切である。

④ COPD（慢性閉塞性肺疾患）は喫煙と強い関係がある。

⑤ 特定健康診査の項目には、腹囲の測定が含まれる。

⑥ 水溶性ビタミンは、過剰にとると体内に蓄積し、過剰症を引き起こしやすい。

⑦ がんは、高齢者の死因としても要介護状態の原因としてもトップに位置する。

⑧ 血中アルブミンが4g/100ml未満になると、低栄養の危険性が高まる。

⑨ 筋力トレーニングは栄養状態が悪い場合には逆効果となる。

⑩ 認知症の予防には、家計簿や日記をつけたり、いつもと違う方法で家事を行ったりすることが効果的である。

⑪ 高齢者の天然歯のうち残有しているもので、痛くて機能していない歯があれば、義歯をつけるべきである。

⑫ WHOでは住まいの冬季最低室温を18℃以上にすることを勧告している。

（答え）　①〇　②×　③〇　④〇　⑤〇　⑥×　⑦×　⑧〇　⑨〇　⑩〇　⑪〇　⑫〇

第5章

高齢期の
安心・安全と
社会保障

1 居住環境

2 終活と終末期の備え

3 保険

4 日本の年金制度の概要

5 医療保険と医療費

6 介護保険

7 高齢者虐待

8 悪質商法とは

9 振り込め詐欺

10 高齢者の運転

11 成年後見制度

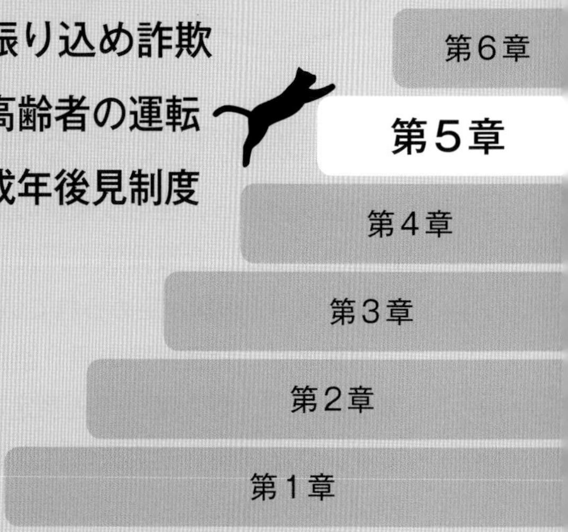

第6章

第5章

第4章

第3章

第2章

第1章

1 居住環境

高齢になっても自分らしく暮らしていくために「住まいと生活」、「安全な住まいの工夫」、「高齢者の特性と居住環境」について学びましょう。

高齢者の生活と居住環境

健康な高齢者でも、加齢によって主に筋力や平衡機能などの運動器、また視力や聴力など感覚器の機能低下が起こります。実際に、家庭内事故などにより、要介護者が増えている現状もあり、バリアフリー仕様による住環境整備が必要になります。

転倒事故を防ぐためには、床段差の解消と滑りにくい床材への変更、ドアを引き戸へ替えて開閉動作を単純化する必要があります。

また、玄関の上り框（がまち）、廊下、トイレ、浴室、階段などの適切な位置に手すりを設置することで、安全な移動が可能となり行動範囲が広がります。

さらに、住宅の気密性と断熱性を高め、室内の温度差を少なくするなど、ヒートショックによる家庭内事故を防ぐための対策が必要になります。

〈家庭内の4大事故〉

家の中での
転倒事故

入浴事故

誤嚥（ごえん）事故

家庭内の
やけど

介護保険でできる住宅改修

介護保険から、住宅改修費の支給を受けられますが、介護保険で行える改修の対象と支給上限額が定められています。

対象者は、介護保険の要介護認定で、要支援1・2、要介護1〜5と認定された方です。介護保険で住宅改修に支給される額は、要介護状態区分（要介護度）にかかわらず、支給限度基準額を20万円として、住宅改修に要した費用の7〜9割（14〜18万円まで）が介護保険から支給され、残りの1〜3割は自己負担となります（利用者の自己負担割合は所得などに応じて異なります）。20万円を超えた場合は、超えた分全額が自己負担となります。住宅改

修費の支給は改修時に住んでいる住宅につき原則1回限りです。ただし、1回の改修費用が20万円未満だった場合、次回改修時に残りの金額を再度申請することができます。また、例外として、転居した場合や、改修工事後に要介護度が一気に3段階以上重くなった場合は、再度申請して支給を受けることができます。

<改修の対象>
1. 手すりの取り付け
2. 段差の解消
3. 床、通路面の材料の変更
4. 扉の取り替え
5. 便器の取り替え
6. 1～5の改修に伴って必要となる工事

〈住宅改修費の支給限度額（自己負担1割の場合）〉

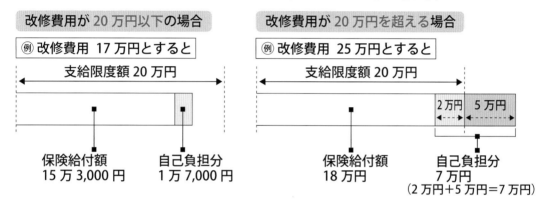

改修費用が 20 万円以下の場合	改修費用が 20 万円を超える場合
例 改修費用 17 万円とすると	例 改修費用 25 万円とすると
支給限度額 20 万円	支給限度額 20 万円　2万円　5万円
保険給付額 15 万 3,000 円　自己負担分 1 万 7,000 円	保険給付額 18 万円　自己負担分 7 万円（2 万円＋5 万円＝7 万円）

高齢者の「住まい」の種類

　いくつになっても、住み慣れた自宅で暮らしたいと考える人は多く、介護保険サービスなどを利用しながら、在宅生活を続ける人が増えています。また、元気なうちに自分の終の棲家（ついのすみか）を見つけておこうというシニアも増えていますが、高齢者向け住宅の不足や、要介護度の低い高齢者も特別養護老人ホームの申込者となっているといった問題を受け、2011年に「高齢者の居住の安定確保に関する法律（高齢者住まい法）」が改正され、従来の高齢者円滑入居賃貸住宅、高齢者専用賃貸住宅、高齢者向け優良賃貸住宅は、「サービス付き高齢者向け住宅」に一本化されました。

　この住宅は、高齢者が住み慣れた地域で安心して暮らすことができるよう、基準を満たし、都道府県に登録された住宅です。60歳以上であれば基本的に誰でも入居できることが特徴です。安否確認や生活相談サービスが提供される他、定期巡回・随時対応型訪問介護看護など外部の介護・医療サービスとの連携も行います。

　高齢者の住まいはサービス付き高齢者向け住宅以外にも、有料老人ホームや新しい形態の共同住宅など多様です。

2 終活と終末期の備え

平穏な老後に向けて、財産や物の整理を始める人も少なくありません。それに加えて、人生最終段階の医療やケアの受け方についても、考えておきましょう。

終活とエンディングノート

　終活は、2009年に週刊誌が使い始めた造語で学術的に定義されている言葉ではありません。名称や形式はさまざまですが、例えば、財産や身の回り品等の身辺整理をはじめ、葬儀や墓、相続のこと等を決めておくための、「エンディングノートの書き方セミナー」や、「終活セミナー」が盛んに行われています。これらに参加してきた人々の最も多い動機は、自分の死後、家族や周囲に迷惑をかけたくないから。残された者が困らないように書き残しておこうというものでした。

　しかし、近年は終活にも終末期の医療や介護の希望、これからの人生でやりたいこと、行きたい場所等をリストアップし、「人生後半戦を、より前向きに、自分らしく生きる」というコンセプトが加わり、人に迷惑をかけないためだけではなく、自分のための終活に変貌を遂げつつあります。

　人の気持ちは状況の変化や時間の経過とともに変わるということを前提に、エンディングノートは何度でも書き直そうと言われています。年始や誕生日などに見直して書き直す人も、毎年新しいノートに書く人もいます。これからの人生への希望などは家族と話しながら決め、書き残すことが推奨されています。こうしてエンディングノートが身近になってきましたが、相続や死という比較的タブー視されてきた事柄を家族と話せる風土は、我が国にはまだ希薄な現状があります。

もしものときのためのACP (アドバンス・ケア・プランニング)

　将来の医療や介護の希望が終活の中でも大切なテーマになってきた変化には、回復の見込みが少ない患者をどこまで治療するのか、延命治療でかえって苦痛を与えることはないのか、という議論が長く続けられてきた背景があります。

　厚生労働省はこの議論や、高齢多死社会の進行で在宅や施設における療養や看取りが増えてきた状況を受け止め、2018年3月に「人生の最終段階における医療・ケアの決定プロセスに関するガイドライン」の改訂を発表し、ACP (アドバンス・ケア・プランニング) 取り組みの重要性を打ち出しました。

　アドバンスには事前にという意味があり、直訳すると、将来の医療やケアに関して

事前に計画することとなりますが、日本老年医学会は「ACPは将来の医療・ケアについて、本人を人として尊重した意思決定の実現を支援するプロセスである」と定義しています。

この定義の中には、医者や家族が医療やケアを決めるのではなく、あくまでも本人の気持ちや希望を尊重し、敬意を払って接すること。そして、日本人は自分の本当の希望や気持ちをストレートに伝えるより、家族のことを先に思ったり、周囲に配慮したりして物事を決める文化があるため、言葉になっていない意思もくみ取ることが必要という意味が含まれています。

だからこそ、もしものときの医療・ケアの決定には、本人・家族、その他の本人が信頼している人などと医療・ケアチームがよくよく話し合い、その人の価値観や意向、人生の目標などを理解共有したうえで、一緒に考えるコミュニケーションのプロセスを通して皆が納得できる合意形成・意思決定をすることが大事と言われています。これを共同意思決定と言います。

インフォームド・コンセントが法理として確立された現代でも、治療はお医者さま任せという意識もまだ強い日本において、最終段階の医療やケアの希望と言われても、実際には本人にも家族にもすぐに決められるものでないことも事実です。だから、何回も繰り返し、一同で話し合うこと。話しているうちに、やっとその人のことが理解できたり、本人もやっと本当の自分の気持ちがつかめてみたり。生命の危機に晒された段階になると、多くの人は自分では意思疎通ができないこともわかっています。

本人が話せなくなっても、対話を重ねていれば、共有してきた本人の意思で最後までその人を尊重した医療やケアにつながり、家族や周囲も「本人の希望どおりでよかった」と納得してお別れができます。ACPは、この対話のプロセスそのもの。話せなくても書き残しておくエンディングノートとの違いがここにあります。

ACPの愛称 「人生会議」

厚生労働省はACPの愛称を「人生会議」と名付け、11月30日を人生会議の日として、普及に努めています。多くの自治体で「人生会議」のセミナーやACPノートを配布するなど工夫を凝らしたイベントが開催されています。またWeb検索を行うと、人生会議啓発の数々の動画が見られます。

人生会議 動画	検索

"死"への思いを語り合う Death Cafe（デスカフェ）

重篤な病気でもない限り、もしものときの話など縁起でもない。そう思うかもしれませんが、死は誰にでも必ず来るもの。しかもいつ来るかもわかりません。それを受け止め、自分の人生の終焉を考えるほどに、今、生きている価値を実感します。

デスカフェは、自発的に死への思いを気楽に語り合うおしゃべり会。不定期にさまざまなデスカフェが国内でも開催されています。そのような機会を通じて、元気なうちから人生会議への心の準備をしておくと、生も死もより主体的に考えられるようになり、もしものときの話もしやすくなります。

デスカフェポータル	検索

3　保険

年齢とともに、備えておきたい「保険」の種類や保障内容も変わってきます。老後に向けて大切になる「保険」の知識を知っておきましょう。

保険とは

「保険」とは、「相互扶助」の制度です。加入者が「お金（保険料）」を出し合い、万一のこと（保険事由）が発生すると、「お金（保険金・給付金）」が支給される仕組みです。保険料を徴収したりする運営主体のことを「保険者」といい、加入者を「被保険者」といいます。

保険者が国や自治体であれば公的な保険であり、民間企業であれば生命保険や損害保険といった民間の保険となります。

生命保険は主に「人の保険」、損害保険は「モノの保険」を取り扱い、それぞれを「第一分野」、「第二分野」というのに対し、その中間に位置する医療保険やがん保険、介護保険などを「第三分野」と呼びます。第三分野の保険は生命保険会社、損害保険会社のどちらも取り扱うことが可能です。

ここでは生命保険についてお話します。

生命保険

生命保険は「死亡保険」「生存保険」「生死混合保険」の３つのタイプに分類することができます。

死亡保険には、一定期間中に死亡・高度障害状態になった場合、定額の保険金が支払われる「（平準）定期保険」、同じく一定期間の保障でも支払われる保険金額がしだいに減少する「収入保障保険」、さらに一生涯保障の「終身保険」などがあります。

生存保険とは、特定の将来に生存している場合に保険金が支払われる保険で、年金保険がそうです。

生死混合保険は、死亡・高度障害状態になっても、生存していても保険金が支払われる保険で、養老保険がこれに該当します。

「保障性」「貯蓄性」という観点からこれらを分類すれば、死亡保険は保障性、生存保険は貯蓄性、生死混合保険は保障性と貯蓄性を兼ねた保険タイプといえます。

保険タイプをどう組み合わせて選択するかは、当人の属性や家族構成によって異なりますが、民間保険である生命保険は、常に「公的保険の補完」的役割を果たす点は押さえておきましょう。つまり、自らが加入する公的保険で保障される内容を確認した上で、必要と思われる保険を組み合わせることが、無駄な保険料を抑えるのに役立ちます。

保険料は年齢とともに上がっていく傾向があります。これは保険会社側の支払

う可能性（リスク）が高まるためです。それでいうと、保険を見直す原則は、"若くて健康なうち"ともいえます。

とはいえ、人生100年時代といわれる超長寿時代を迎えようとしている中で難しいのは、公的保険の将来的な改定を含め、社会経済の変化に応じて保険選びも見直す必要が出てくるかもしれない点です。保障は多い方が安心ですが、同時に保険料の負担は貯蓄形成の足を引っ張ります。従って、これまで以上に保障と貯蓄のバランスを考えて保険を選ぶことが重要になるでしょう。

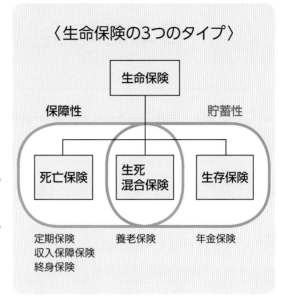

〈生命保険の3つのタイプ〉

生命保険

保障性　　　　　　　　　　　　　　貯蓄性

死亡保険　　　生死混合保険　　　生存保険

定期保険　　　　養老保険　　　　年金保険
収入保障保険
終身保険

MEMO

医療保険、がん保険、介護保険などの備えをどうする？

　高齢化に伴い、第三分野の保険に注目が集まっています。加入時は保険料比較を行い、割安な商品を選ぶことが大切です。ただ、そもそも加入するかはどう考えればいいでしょうか。ここで一つの考え方をご紹介しましょう。

　まず、加入後の3場面を想像します。①「継続」して給付を受け取る、②何も受け取らず「中途解約」する、③何も受け取らず「死亡」する、です。

　次にそれぞれの「支払保険料」と「受取額」を計算します。「受取額」とは、①は給付条件を確認し、どういう状態の時にいくらの給付になるか具体的にイメージします。②は「解約返戻金」を、③では「死亡保険金」の有無を確認します。

　そして「支払保険料」から「受取額」を差し引き、①～③それぞれの「掛捨額」を出します。加入後、自身がどの場面になるか分かりませんが、どうなっても総合的に「掛捨額」に納得できるかが加入の判断に役立つでしょう。

　「掛捨額」に納得できなければ、加入せず浮いた「支払保険料」が貯蓄として備えになります。保険のみならず、貯蓄も万一のときの備えです。

加入なら…

〈①継続〉
支払保険料 − 給　付　額 ＝ 掛捨額

〈②中途解約〉
支払保険料 − 解約返戻金 ＝ 掛捨額

〈③死亡〉
支払保険料 − 死亡保険金 ＝ 掛捨額

未加入なら…
支払保険料 ＝ 貯蓄

総合的に見て、どの額に納得できるかが加入の判断の基準となる。

4 日本の年金制度の概要

学習の
ポイント

年金は、老後の生活を支える重要な柱の一つです。日本の年金制度の概要を正しく理解しておきましょう。

世代間で支える社会全体の仕組み

　産業構造が変化し、都市化、核家族化が進行してきた日本では、家族内だけで高齢となった親の生活を支えることは困難となっています。年金制度は、安心・自立して老後を暮らすために、社会全体の現役世代が高齢者を支える、世代と世代の支え合い（世代間扶養）の仕組みで、基本的に20歳以上60歳未満の全国民が加入して保険料を納め、原則として65歳から年金を受給します。

年金制度の概要

　日本の年金制度は3階建ての構造になっており、全国民が加入する1階部分にあたる国民年金（基礎年金）と、民間の会社員や公務員等が加入し報酬比例の年金を支給する2階部分にあたる厚生年金保険があります。これらの1・2階部分は、公的年金制度になります。

　さらに3階部分は、私的年金制度にあたり、強制ではなく任意で加入することができます。私的年金制度には様々なものがあり、厚生年金の上乗せにあたる会社員が加入する各種の企業年金、公務員等の退職等年金給付、国民年金の上乗せにあたる国民年金基金等があります。また、掛金の拠出や運用を個人が自身で行うiDeCo（個人型確定拠出年金）の制度も活用できます。

〈日本の年金制度の仕組み〉

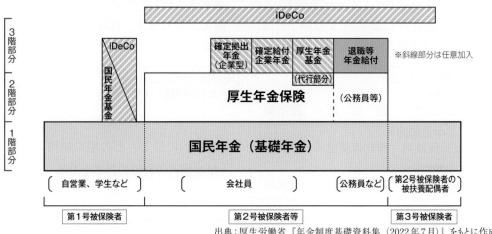

出典：厚生労働省『年金制度基礎資料集（2022年7月）』をもとに作成

老齢年金、障害年金、遺族年金の3種類の給付

基礎年金では、受給資格期間を満たす人が65歳に達すると老齢基礎年金が支給されます。また、障害者になった場合には障害基礎年金が、死亡した場合には遺族に遺族基礎年金が支給されます。

厚生年金の加入者である民間の会社員および公務員等には、基礎年金に加えて、老齢厚生年金、障害厚生年金、遺族厚生年金が支給されます。

なお、65歳より早く受給を開始する（繰り上げ受給）ことも可能であり、この場合支給額は減額されます。逆に、65歳より後に受給を開始する（繰り下げ受給）ことも可能であり、支給額を増額させることもできます。

保険料と年金額

第1号被保険者の保険料は、所得に関係なく一定の額となっており、その額は物価や賃金の変動に応じて調整されます。第2号被保険者の保険料は収入に応じた額となり、給料とボーナスから天引きされます。第3号被保険者の保険料は、第2号被保険者全体で負担することとなっているため、個別に納める必要はありません。なお、第2号被保険者の納める厚生年金保険料には基礎年金の保険料も含まれているため、基礎年金に係る保険料を個別に納める必要はありません。

年金額は、納めた保険料に応じた額となります。このため、保険料を納めた期間が長いほど、また、保険料を納めた額が多いほど、支給される年金額が多くなります。年金の支給期間は終身であり、生涯受け取ることができます。その年金額の実質価値を維持できるよう、毎年、物価の変動に応じて年金額が見直されます。受け取る年金の見込み額は、ねんきん定期便で知ることができます。

ねんきん定期便

ねんきん定期便は毎年の誕生月に送付し、国が管理している年金加入期間などの記録や年金見込額を加入者に確認してもらうものです。加入者から記録にもれや誤りがあると回答があった場合は、記録の確認作業を行った結果が送付されます。

〈ねんきん定期便の主な内容〉

❶ これまでの年金加入期間　　❷ 老齢年金の見込額

❸ これまでの保険料納付額　　❹ これまでの年金加入履歴

❺ 厚生年金保険の標準報酬月額と保険料納付額の月別状況

❻ これまでの国民年金保険料の納付状況

※年齢により、通知される内容は一部異なります。

5　医療保険と医療費

学習の
ポイント

> 安心して医療にかかれることこそ、幸せに暮らすためになくてはならない条件です。
> 改めて、日本の医療制度や医療費について確認しておきましょう。

日本の公的医療保険制度の仕組み

　日本ではすべての国民が公的医療保険を利用して、安心して医療を受けることができます。これを「国民皆保険」といいます。そのために、生活保護受給者などの一部を除き、日本に住所を有する人はすべて何らかの形で公的医療保険制度に加入するように定められています。

　医療保険制度は、被用者保険と国民健康保険に大別されます。

　被用者保険には民間企業の従業員を対象とする健康保険と公務員等が対象の共済組合があり、健康保険は主に大企業の従業員を対象とする組合管掌健康保険（健康保険組合）と中小企業の従業員を対象とする全国健康保険協会（協会けんぽ）に分

かれます。その他に船員を対象とする船員保険があります。

　国民健康保険には、自営業者、農業・漁業従事者、無職者等の地域の一般住民を対象とする市町村国民健康保険と医師、土木建設業などの特定の職業の人で組織する国民健康保険組合があります。

　さらに、75歳以上の人と65歳以上75歳未満で一定の障害状態にある人を対象とする後期高齢者医療制度があります。75歳以上等が加入する後期高齢者医療制度は、独立した医療保険制度です。このため、75歳になるとそれまで加入していた制度を脱退し、全員が後期高齢者医療制度に加入することとなります。

高齢社会と公的医療保険制度の課題

　医学の進歩とともに、先進国においては、人口に占める高齢者の割合が増大し、国民医療費は年々増加しています。これは日本だけではなく、近年の先進国に共通した現象です。高齢になるほど病気をしやすく、医療費がかかる傾向があり、今後さらに高齢化が進むことが予想される日本においては、医療費も増大傾向にあるといえます。

　医療費増大の原因は、右記のように社会の高齢化だけではなく、生活習慣病の増加や、医療技術や医療機器の進歩による治療費の高額化、さらには現役世代も含めた一人ひとりの医療機関へのかかり方などさまざまな要因が含まれています。

〈医療費増大の主な原因〉

●医療機関へのかかり方
　軽い症状にもかかわらず、最初から大病院で受診※したり、同じ症状でいくつもの医療機関にかかったりすると医療費がかさみます。

●生活習慣病の増加
　生活習慣病のような慢性疾患は治療に長い期間がかかるため、医療費がかさみます。

●社会の高齢化
　医療を受ける回数が増えたり、治療期間が長引いたりする高齢者が増えたことによって、医療費も増えています。

●医療技術の進歩
　医療機器や薬の開発で、治療が難しかった病気も治すことができるようになりましたが、治療にかかる費用も増えています。

※紹介状なしに大病院で受診すると診察代などとは別に追加負担がかかる場合があります。

〈医療費適正化を図るためにできること〉

● かかりつけ医・かかりつけ歯科医を持ちましょう

● 診療時間内に受診しましょう

● 重複受診をやめましょう

● 薬を正しく使いましょう

● ジェネリック医薬品を使いましょう

MEMO

高齢者の薬と副作用

　高齢になると不調や病気で通う診療科や飲む薬も増えるもの。しかし、処方された薬が6剤以上になると、副作用を起こす人が増えることが近年の統計によりわかっており、多剤服用には注意が必要です。副作用が起きると、その症状を抑えるために薬が追加され、また別の副作用が…という悪循環に陥る心配があります。この悪循環に陥らないよう、正しい薬との付き合い方を知っておくことが大切です。

正しい薬との付き合い方
❶ むやみに薬を欲しがらない
❷ どんな薬を飲んでいるかを知る
❸ 「お薬手帳」で服薬管理
❹ かかりつけ医やかかりつけ薬局をもつ

6 介護保険

学習の
ポイント

2000年4月から施行された介護保険制度の内容について理解し、介護が必要になった場合に備えて、利用方法について学んでおきましょう。

介護保険制度の概要

介護保険制度は、市町村及び特別区が保険者となり運営される制度で、被保険者は以下のように、第1号被保険者と第2号被保険者に分かれ、サービスを受けられる人の範囲や保険料、徴収方法がそれぞれ異なっています。

〈第1号被保険者と第2号被保険者の違い〉

	第1号被保険者	第2号被保険者
対象者	65歳以上の者	40歳以上65歳未満の医療保険加入者
受給権者	●要介護者（寝たきりや認知症で介護が必要な者） ●要支援者（要介護状態となるおそれがあり、日常生活に支援が必要な者）	介護保険の対象となる特定疾病が原因で、介護サービスが必要と認定された者
保険料負担	所得段階別保険料 （低所得者の負担軽減あり）	●健保：標準報酬×介護保険料率（事業主負担あり） ●国保：所得割、均等割等に按分（国庫負担あり）
保険料・徴収方法	年金額18万円以上は年金天引き。それ以下は納付書で納める	医療保険者が医療保険料として徴収し、納付金として一括して納付

介護保険の財源は、公費で50％、保険料で50％が賄われています。公費の内訳は、国が25％、都道府県と市区町村がそれぞれ12.5％です。

被保険者が要介護認定等を市区町村から受ければ、介護の必要の程度に応じた介護サービスを利用することができます。利用時の自己負担額は、所得等に応じて介護サービス費用の1～3割を負担します。

介護保険サービスの利用

介護保険で受けられるサービスは、大きく3つの系統に分けられます。1つ目は要介護の認定を受けた人への「介護給付」【図5-1Ⓐ】、2つ目は要支援の認定を

受けた人への「予防給付」【図5-1Ⓑ】、3つ目は要支援やサービス事業対象者の認定を受けた人及び65歳以上のすべての高齢者への「総合事業（介護予防・日常生活支援総合事業）」【図5-1Ⓒ】です。

【図5-1】介護サービスの利用までの流れ

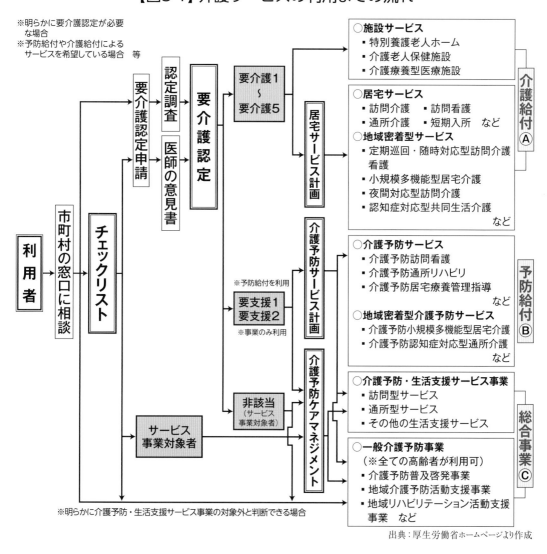

出典：厚生労働省ホームページより作成

地域支援事業

　要支援・要介護状態になる前からの介護予防の推進や、地域における包括的・継続的なマネジメント機能の強化のため、市町村では地域支援事業を実施しています。この地域支援事業には、要支援者を含む高齢者へ介護予防や生活支援などを行う総合事業、地域包括支援センターの運営などを行う包括的支援事業、各市町村の判断で行う任意事業があります。

7 高齢者虐待

学習の
ポイント

高齢者への虐待が増えています。無意識の虐待も少なくありません。どのような行為が虐待に当たるのか、高齢者の尊厳について改めて考えてみましょう。

高齢者虐待の増加

　4人に1人以上が高齢者であるという本格的な高齢社会の中で、介護を必要とする高齢者が増加し、その一方で、高齢者への虐待件数も増えています。

　高齢者への虐待の背景には、介護疲れや責任の重さ、協力者や相談者がいない孤独感や介護によるストレスなど、介護者の心身にかかる負担の増大があります。虐待をしてしまっている側の約75%、つまり4人に3人は自覚なく高齢者の心身を傷つけています。

　こうした状況を打破するために、虐待された高齢者を保護するための措置、介護をする養護者の負担を軽減するための支援などを定めた「高齢者虐待防止法」が施行されています。この法律の中で、虐待を受けていると思われる高齢者を発見した場合は、通報(通報者の秘密は厳守されます)することが義務付けられています。

　高齢者虐待の大多数は家族などの養護者によるものですが、養介護施設従事者によるものも件数は少ないものの報告されています。

〈養護者・養介護施設従事者による虐待の種別・類型(複数回答)〉

	養護者	養介護施設従事者
身体的虐待:拘束する、叩く、無理矢理引っぱる　など	67.3%	51.5%
介護等放棄:世話をしない、放置する　など	19.2%	23.9%
心理的虐待:怒鳴る、ののしる、侮辱する　など	39.5%	38.1%
性 的 虐 待:わいせつな行為をする・させる　など	0.5%	3.5%
経済的虐待:お金を勝手に使う　など	14.3%	4.0%
特定された被虐待高齢者の数(1年間)	16,809人	1,366人

出典:厚生労働省『高齢者虐待の防止、高齢者の養護者に対する支援等に
関する法律に基づく対応状況等に関する調査結果』令和3年度

高齢者虐待の種類と特徴

高齢者虐待には、身体的虐待、心理的虐待、介護等放棄（ネグレクト）、経済的虐待、性的虐待の5種類があり、身体的虐待が一番多いのが特徴です。中には虐待が重複しているケースもあります。

とくに数の多い養護者の虐待について見ると、特徴としては、虐待されている高齢者自身に認知症などがあり、虐待をされているという自覚がなく、虐待を本人が否認することがあることや、被害者の7割以上が女性で加害者の8割以上が同居人であることが挙げられます。虐待のあった世帯では、実の息子が虐待をしているケースが多く、約4割を占めています。

また、虐待を受けている高齢者の多くに、認知症の症状が見られるという調査結果が出ています。介護をする人にかかる負担の大きさと虐待発生の関係の強さがわかります。

〈虐待を受けた高齢者の認知症の割合〉
特定された被虐待高齢者の数（1年間）
（16,809人）

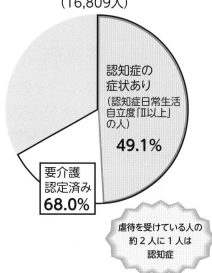

認知症の症状あり（認知症日常生活自立度「Ⅱ以上」の人）**49.1%**

要介護認定済み **68.0%**

虐待を受けている人の約2人に1人は認知症

出典：厚生労働省『高齢者虐待の防止、高齢者の養護者に対する支援等に関する法律に基づく対応状況等に関する調査結果』令和3年度

高齢者の尊厳を大切に

認知機能や身体機能が低下してくれば、日常の食事や排せつ、着替えなどがうまくできなくなったり、やらなければいけないことを理解できなくなったりします。このようなときに介護する側のペースで接していると、どうしてもイライラしてしまいがちになります。

しかしそのようなときに怒ったり、責めたり、しつけだといって厳しく対処しても、それで介護者の負担が楽になることは決してありません。それより、介護される側の心にできる限り寄り添って接してみましょう。たとえ体が若いときのように動かなくなっても、心の中に息づく一人の人間としての尊厳は変わってはいません。相手のペースを受け入れ、高齢者の尊厳を敬って接したときに、介護する側とされる側の信頼関係が生まれます。

介護される側に、また叱られるのか、また荒っぽく扱われるのか、といった不安感があるうちは、お互いの心が行き違い、介護は楽になりません。認知症の行動・心理症状の背景には、介護を受けている側にこのような心の不安があることがわかってきました。安心して心身を委ねてもらえるようになったときに、虐待の芽は摘み取られます。

8　悪質商法とは

学習の
ポイント

高齢者を狙う悪質商法は年々増加しています。
悪質商法の種類や対処方法を知っておきましょう。

高齢社会と悪質商法

　悪質商法とは、その人に不必要なものを強引に、あるいはウソをついたりして売り付けるものを指します。高齢者を狙う悪質商法には、親切を装うもの、不安を煽るもの、強引なものが目につきます。詐欺的なものも急増しています。高齢者の被害には、電話勧誘販売、訪問販売など、不意打ち的な手口が多いのが特徴です。

〈代表的な悪質商法の種類〉

電話勧誘販売	かかってきた電話や、勧誘と知らずにかけさせた電話で勧誘する販売方法
家庭訪販	訪問販売のうち、家庭に販売しにくるもの。買うまで帰ってくれないことも
インターネット通販	オンラインショッピングなど、インターネットを利用して行われる取引。無料だと思って登録したアダルト情報サイトが有料だったり、利用した覚えのないサイト利用料を請求されたりする
かたり商法 （身分詐称）	有名企業や役所などの公的機関やその関係者であるように思わせて商品の契約をさせようとする
劇場型勧誘	複数人で連携し、消費者があたかも得をするように信じさせて金融商品などを買わせる手法
ワンクリック請求	パソコンやスマートフォンなどでアダルト情報サイトにアクセスすると、「登録ありがとうございます」などといきなり表示し、料金を請求する手法
無料商法	無料であることを強調して勧誘し、最終的に商品やサービスの契約をさせようとする
次々販売	同じ消費者に、商品を次々と販売する手法
訪問購入	家庭に訪問して、貴金属などの物品を安値で買い取る

出典：国民生活センターホームページ「高齢者の消費者被害」より作成

手口が巧妙！要注意!!

1　点検商法

　訪問販売被害では、勧誘目的を告げず点検を装ってくるものが典型的です。「点検」は、最近の話題などから不安を煽るものを口実に使います。最近では、布団、床下や建物の強度、火災警報装置、太陽光発電装置、浄水器などの水回り関係、消火器など。家に入れると不安を煽り契約を迫ります。

対処法 点検業者は断固として断る。ドアをあけない。

2　催眠商法（SF商法）

　無料説明会などの口実で高齢者を集め、おもしろおかしい巧みな話題で夢中にさせ、最後に高額な健康食品や医療用具などを買わせます。最初は激安商品を販売したりすることも。口コミで人を集めるケースもあります。「タダでもらうだけなら」と参加するのは、「サクラ」を務めることになります。

対処法 会場に行かないことが大切。「サクラ」にならないように。

3　押し買い

　「不要の呉服を買い取りにうかがいます」と電話で勧誘します。来てもらうと、貴金属類も見せるように迫り、わずかなお金を置いて全部持って行ってしまいます。あとで返すよう要求しても「貴金属は溶かした」などと返してくれません。平成25年2月よりクーリング・オフが適用されました。

対処法 知らない業者は相手にしないこと。

消費者保護ルール（クーリング・オフ制度）

　訪問販売は、消費者にとって不意打ち的な取引です。あらかじめ調べたり、よく考えて選ぶことができません。そこで、特定商取引法では、訪問販売などで申し込みや契約をしたら、業者は、消費者に対してその内容を記載した申込書や契約書（記載すべきことを法律で定めています。この書面を「法定書面」という）を渡すことを義務付け、この書類を受け取った日から8日間の熟慮期間を保証しています（連鎖販売取引等においては20日間）。これをクーリング・オフ制度といいます。

　いったん契約したら、守る義務があるのが原則です。しかし、訪問販売などでは、契約書をよく読んで、もう一度調べたり考えたりして、契約を続けるかどうかを選び直せる制度を設けたわけです。

　クーリング・オフ制度は必要な情報を記したハガキや電子メール等により通知をすれば、業者の了解がなくても契約は解消されます。通知の際には、ハガキのコピーや送信メールなど、クーリング・オフを行った証拠を保存しておきます。なお、通信販売には、クーリング・オフ制度はありません。

9 振り込め詐欺

高齢者を狙う振り込め詐欺。「オレオレ詐欺」や「架空請求詐欺」の名で広く知られ、警戒が深まる中で、その手口は多様化・巧妙化の一途をたどっています。

多様化する振り込め詐欺

近年、振り込め詐欺の手口は、ますます多様化しています。振り込め詐欺とは、電話や手紙などで相手をだまし、金銭を振り込ませるというものです。架空請求やオレオレ詐欺が流行し、広く一般的に耳にするようになりました。振り込め詐欺には、大きく分けて「オレオレ詐欺」「架空請求詐欺」「還付金等詐欺」「融資保証金詐欺」の4種類があります。

これら4種の中ではオレオレ詐欺が被害額の約3割を占めています。高齢者では、特にオレオレ詐欺や還付金等詐欺にだまされることが多くなっています。また、個人名を先に調べ、「オレオレ」ではなく、子どもの名前を名乗って最初から子どもになりすます詐欺なども多くなり、ますます巧妙になっています。

また、振り込め詐欺でありながら、口座への振り込みではなく、その他の方法でお金を受け取る“振り込まない詐欺”も増えています。

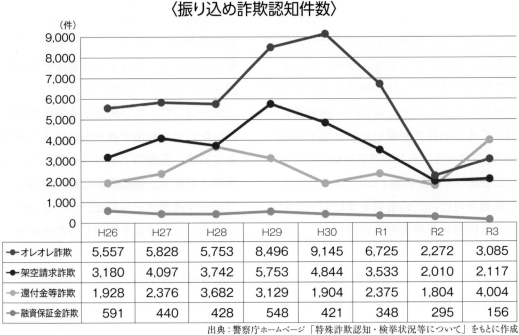

〈振り込め詐欺認知件数〉

	H26	H27	H28	H29	H30	R1	R2	R3
オレオレ詐欺	5,557	5,828	5,753	8,496	9,145	6,725	2,272	3,085
架空請求詐欺	3,180	4,097	3,742	5,753	4,844	3,533	2,010	2,117
還付金等詐欺	1,928	2,376	3,682	3,129	1,904	2,375	1,804	4,004
融資保証金詐欺	591	440	428	548	421	348	295	156

出典：警察庁ホームページ「特殊詐欺認知・検挙状況等について」をもとに作成

<h2>〈振り込め詐欺の種類〉</h2>

（1）オレオレ詐欺	（3）還付金等詐欺
電話を利用して息子、孫等を装い、会社でのトラブル、横領等の補填金名目、サラ金等借金返済名目や警察官や弁護士等を名乗り、交通事故示談金名目等で現金を預金口座に振り込ませる等の方法によりだまし取る詐欺で、被害者層は、60歳代以上が全体の90％以上となっています。	年金事務所や自治体の職員等を名乗り、年金や税金などの還付金手続きであるかのように装って、ATMまで誘導し、ATMを操作させて、自己の口座から相手方の口座へ現金を振り込ませる詐欺で、被害者層は、60歳代以上が全体の90％以上となっています。
（2）架空請求詐欺	（4）融資保証金詐欺
不特定多数の人に対し、有料サイト利用料金名目、訴訟関係費用名目等架空の事実を口実とした料金を請求する文書、メール等を送付するなどして、振り込みや送付などの方法により、現金をだまし取る詐欺で、被害者は、全年齢層に分散しています。	ダイレクトメール、FAX、電話等を利用して融資を誘い、融資を申し込んできた人に対し、保証金等を名目に現金を預金口座等に振り込ませるなどの方法によりだまし取る詐欺で、被害者層は、40歳代以上の男性が全体の55％以上となっています。

詐欺被害にあわないための対処法

　多くの人は「自分は被害にあわない」という意識があり、また高齢になるほどその意識は高くなり、被害防止対策を行わない傾向があります。

　振り込め詐欺の被害を防ぐには、本人が詐欺の手口を知ることはもちろん、家族などからも詐欺被害防止の対策をするように呼びかけることが大切です。例えば、家族で電話での呼びかけ方や合言葉を事前に決めておいたり、常に留守番電話の設定にしておくよう促したりすることで、被害を防げる場合があります。

　また、電話の着信時に迷惑電話番号データベースに登録された情報により警告表示するものや、通話内容を自動的に録音するものなど防犯機能を備えた電話機器の設置も有効な対処法となります。

10 高齢者の運転

学習の
ポイント

高齢者の運転の実態と、安全な移動を実現するために取り組まれる制度の内容や、運転寿命を延ばすための考え方について知りましょう。

高齢者の運転

　自動車は重要な交通手段の一つですが、それは高齢者にとっても例外ではありません。とくに公共交通機関の発達していない地方都市では、男性を中心に多くの高齢者が自動車を使って移動しています【図5-2】。他方で、高齢化の進展に伴い高齢運転者が関与する重大事故がクローズアップされています。個人差はあるものの、高齢者は一般に右のような理由で重大事故を起こしやすいとされています。

● 視力等が弱まることで周囲の情報を得にくくなり、判断に適切さを欠くようになる

● 反射神経が鈍くなること等によって、とっさの対応が遅れるようになる

● 体力の衰え等から、運転操作が不的確になる

● 運転が自分本位になり、交通環境を客観的に把握することが難しくなる

【図5-2】高齢者の移動交通手段の構成比

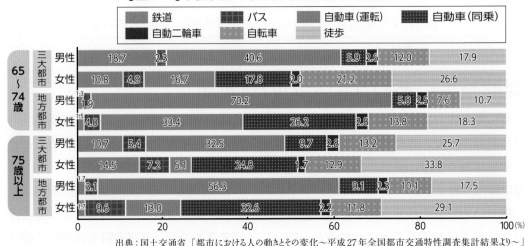

出典：国土交通省「都市における人の動きとその変化〜平成27年全国都市交通特性調査集計結果より〜」

高齢者の運転にかかわる制度

　悲惨な交通事故を避ける上で、運転者の運転能力の確認・担保はとても重要です。

　我が国では、70歳を超えての運転免許証の更新の際、実車指導などによる高齢者

講習の受講が義務付けられます。75歳以上では、認知機能の検査、さらに一定の違反をした場合には運転技能検査の合格義務が生じます【図5-3】。免許証の更新時に限らず、運転免許証を自主的に返納してもらうことで様々な優待を受けることができる取り組みも行われています。

他方、運転ができなくなると高齢者の活動の頻度や範囲が大きく低下します。運転断念後にはうつ病の発症リスクが2倍になるといった報告もあります。これまでの活動をどう継続するかを考えながら、運転をやめるための準備を進めていくことが重要です。

【図5-3】高齢者の運転免許更新制度

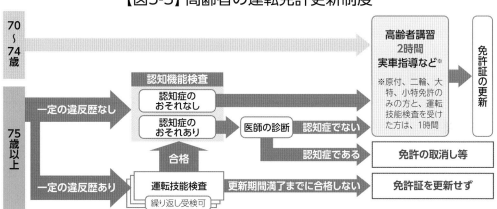

出典：一般社団法人 全日本指定自動車教習所協会連合会「高齢運転者支援サイト」

運転をつづけるために

とくに地方都市のような自動車以外の交通手段が乏しい地域では、安全に運転ができる「運転寿命」を延ばすための取り組みが重要となります。主に自動車側からと人側からの取り組みがあります。自動車側の代表的なものとして、運転能力の低下を自動車の先進安全技術で補うサポカー（セーフティ・サポートカー）の使用があります。免許制度でも、乗車車両をサポカーに限った条件を付与するものが令和4年に創設され、積極的な活用が期待されています。

人側からは、まずは無理をしない運転を促すといったものがあります。一般に、夜間、歩行者や自転車などの多い不慣れな場所、5差路以上の複雑な交差点、荒天時の運転を控えることが有効です。運動の習慣をつくることも重要です。運転に必要な能力を維持する上で、筋力は重要な役割を担います。無理のない範囲で筋力の維持が期待できる運動をつづけることが大切です。なお、人側の取り組みの成否は、何より高齢者自身が自分の運転能力の変化に客観的な視点から気づけるか否かにかかっています。運転に関する第三者の意見を気軽に聞ける場や雰囲気をつくることが最初の一歩としてとても大切です。

11　成年後見制度

「成年後見制度」は判断能力が不十分な人を保護し、本人の意思を尊重しながら支援する制度です。安全・安心に暮らすためにその内容を知っておきましょう。

成年後見制度とは

　高齢者の安全・安心な暮らしを守る「高齢社会を支える車の両輪」は、介護保険制度と成年後見制度であるといわれています。介護保険制度は、適切な居宅サービスや施設サービスを受けることができるというものですが、高齢者本人の自己決定に基づく契約が必要です。契約には適切な判断力が必要ですが、認知症などで判断能力が十分でない人には難しい場合があります。ほかにも、財産管理や遺産分割協議など、本人の判断が問われる機会があり、このような状況を想定して誕生した制度が成年後見制度です。

　成年後見制度は、判断能力が不十分な人々を法的に保護し、本人の希望を尊重しながら支援する制度で、家庭裁判所によって選任された成年後見人等が、本人に代わって財産の管理や契約の代理・取り消し、介護・医療のサポートなどを行う制度です。

成年後見制度のあらまし

　本人に代わってこうした役割を果たしてくれる後見人は、本人の希望を尊重し（自己決定の尊重）、家庭環境や生活状況、体力や精神状態を配慮（身上配慮義務）するなど、常に本人にとって最適な方法を選んで財産や権利を守り、支援します。

　成年後見制度は「法定後見制度」と「任意後見制度」の2つに分かれており、判断能力の程度など本人の事情に応じて選べます。

〈成年後見制度〉

| 成年後見制度 | 法定後見制度 | （判断能力がすでに衰えている人） |
| | 任意後見制度 | （将来判断能力が衰えたときのために備えておきたい人） |

法定後見制度は、判断能力がすでに不十分である人が利用する制度で、「補助」「保佐」「後見」の３つに分かれ、どれに該当するかは本人の判断能力に応じて家庭裁判所が決定します。

この制度を利用するには、家庭裁判所への申し立てが必要です。主に本人や配偶者、または四親等内の親族等の申し立てによって、家庭裁判所が法律の定めに従って、本人を援助する成年後見人等を選任し、本人を代理する権限等を与えることにより判断能力が不十分である人を保護・支援します。なお、事情によっては市町村長が申し立てることができます。

任意後見制度は、判断能力が十分ある人が将来、認知症などによって判断能力が低下した場合に備えて利用する制度です。判断能力があるうちに、財産管理などを任せられる任意後見人を自分で選び、その権限内容（代理権）を定めておき、あらかじめ本人が契約（任意後見契約）を結んでおきます。その契約書は公証役場で公証人が作成し、契約内容は公証人によって法務局に登記されます。そうすることで、本人の判断能力が低下した場合、家庭裁判所が選任した「任意後見監督人」の監督のもと、任意後見人が任意後見契約に従って任意後見を開始します。

法定後見制度の仕組み

補助	保佐	後見
判断能力が不十分な人には	判断能力が著しく不十分な人には	判断能力が欠けている人には
▼	▼	▼
補助人（補助監督人）	保佐人（保佐監督人）	成年後見人（成年後見監督人）

	補助	保佐	後見
本人の状態	●重要な財産行為を一人で行うには不安がある ●物忘れがあり、本人にもその自覚がある	●日常の買い物などは大丈夫だが、重要な財産行為は一人ではできない ●しばしば物忘れがあるのに、本人に自覚がない	●一人では日常的な買い物もできない ●重度の認知症等で、常に援助が必要な状態

※補助監督人、保佐監督人、成年後見監督人は必ず要するわけではありません。

成年後見人の選任

成年後見人は、家族・親族が選任される場合とそれ以外の第三者が選任される場合に分けられます。第三者の成年後見人には、専門職が選任される場合、社会福祉協議会などの法人が選任される場合、一般市民が社会貢献型の後見人として選任される場合などがあります。専門職の後見人は、いわゆる士業（弁護士、司法書士、社会福祉士・精神保健福祉士、行政書士、税理士）の有資格者が選任されます。

第5章の確認問題

下に述べられていることの正誤をそれぞれ答えてください。

❶ サービス付き高齢者向け住宅は、70歳以上の人を対象とした住まいである。

❷ 日本老年医学会は「ACPは将来の医療・ケアについて、本人を人として尊重した意思決定の実現を支援するプロセスである」と定義している。

❸ 生命保険は、「死亡保険」「生存保険」「生死混合保険」の3つのタイプに分類することができる。

❹ ねんきん定期便により、受け取る年金の見込み額を知ることができる。

❺ 75歳以上の人及び一定の障害のある65歳以上の人は、後期高齢者医療制度に加入する。

❻ 介護保険制度の保険者は都道府県である。

❼ 高齢者に虐待をしてしまっている4人に3人は自覚なく高齢者の心身を傷つけているのが実態である。

❽ クーリング・オフ制度では、訪問販売などで契約をしたら、法的書面を受け取った日から18日間の熟慮期間を保証している。

❾ 振り込め詐欺とは、「オレオレ詐欺」「架空請求詐欺」「融資保証金詐欺」の3つのことをいう。

❿ 70歳を超えての普通運転免許証の更新の際、実車指導などによる高齢者講習の受講が義務付けられる。

⓫ 「任意後見制度」は、判断能力がすでに衰えている人が選ぶ制度である。

（答え）　①×　②○　③○　④○　⑤○　⑥×　⑦○　⑧×　⑨×　⑩○　⑪×

第6章

認知症高齢者に
やさしい
地域づくりの
ために

1 認知症介護

2 地域での見守り

3 地域包括ケア

4 認知症と地域の課題

5 認知症の人を地域で
　支えるために

第6章

第5章

第4章

第3章

第2章

第1章

1 認知症介護

認知症の人へのケアには、身体ケアとは異なるポイントがあります。認知症の人を介護するのに必要な心構えを学びましょう。

認知症ケアの基本理念

認知症は、認知機能、行動、ADL（日常生活動作）が障害されることで、日常生活を営む上でケアが必要となるものです。しかし、そのケアは一方的な介助の押しつけでは決してなく、たとえ認知症であっても、その人が持っている能力を最大限に発揮しながら、快適な毎日を送れるように支援することです。この意味で認知症の人のケアには、「エンパワメント」（相手の能力を高める支援）と、「アドボカシー」（相手の権利を擁護する支援）という基本理念がまず挙げられます。

「エンパワメント」とは、組織的、社会的に、相手の能力を高めるように行う支援のこと、「アドボカシー」とは、「擁護」や「支持」などの意味を持つ言葉です。

イギリスの臨床心理学者トム・キッドウッドは、「パーソン・センタード・ケア」という理念を提唱しました。これは「パーソンフッド＝その人らしさ」を中心とした介護のことです。「常にその人らしさを中心に置き、本人の尊厳を支える心と、認知症高齢者自身の能力を支える心」が、認知症のケアには不可欠です。

認知症への理解が第一

認知症ケアは、認知機能障害による記憶障害やBPSD（行動・心理症状）といった日常生活上の混乱を受け止めながらケアする必要があります。そのためにはまず、

認知症の人の特徴をきちんと理解しておくこと。ケアの質が、本人の意思決定やサービス選択の代諾にも深く関わってきます。これが身体ケアと異なる点です。

＜認知症の人の特徴＞

◆時間や場所がわからなくなり、自分の町でも、家に帰れなくなることがある。

◆新しいことはすぐに忘れても、昔のことはよく覚えていることが多い。

◆同じことを何度も聞いたり、同じものを何度も買ってきたりする。

◆置き忘れやしまい忘れの自覚がなく、「盗まれた」と思い込むことがある。

◆計算やドラマの内容、家電の使い方など、複雑なことが理解できなくなる。

◆下ごしらえをしながら料理するなど、同時に複数のことはできなくなる。

認知症サポーター

認知症について正しく理解し、認知症の人やその家族を温かく見守り、支援する応援者のことを認知症サポーターといいます。都道府県等の自治体が、地域住民や学校、地元企業等を対象に養成講座を開催しており、受講することで認知症サポーターになることができます。

サポーター養成講座は、全国キャラバン・メイト連絡協議会による所定の講習を受けたキャラバン・メイトと呼ばれる講師が行っています。2022年9月現在、約17万人の講師がいます。

認知症サポーターの育成は全国規模の企業・団体等、また小中学校でも推進され、2022年9月現在、約1,400万人に達しています。

また、認知症介護を行う専門職の人に向けた資格として、「認知症ケア専門士」があります。これは日本認知症ケア学会が認定する更新制の資格（民間資格）です。

〈認知症の人へは、こんな配慮を〉

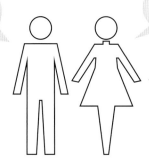

後ろから急に声をかけたり、腕をつかむと怖がります

怒った顔はNG。ゆっくり笑顔で声かけや誘導を

一度に多くの質問はNG。一つずつ丁寧に質問を

言葉がすぐに出てこないので、待ってあげましょう

違う話でも否定せず、受け入れながら相手をしましょう

子ども扱いせず、相手の尊厳を傷つけずに対応を

できることは時間がかかっても、やってもらう支援を

数人で取り囲んで、無言で行動したりしないこと

第6章　認知症高齢者にやさしい地域づくりのために

2　地域での見守り

独り暮らしや夫婦のみの高齢者世帯が増えています。高齢者が安全・安心に暮らすためには、地域の方々の「気付き」と「見守り力」が不可欠となっています。

地域のつながりと見守り力

高齢社会が進む中、家族の形態も大きく変化しています。65歳以上の高齢者について子どもとの同居率を見ると、1980年には69.0％でしたが、2021年には36.2％となり、高齢者の独り暮らしも増加傾向にあります。また諸外国と比べて別居している子との接触頻度が低いというデータもあります。このような現状では、高齢者を孤立・孤独やトラブルから守るには、地域の力が必要です。

見守りネットワーク

まずは、お隣・ご近所同士のあいさつなど小さいことから地域の輪を広げることが大切です。最近では、それぞれの地域でNPOなども発足し、地域で高齢者を見守るための「見守りネットワーク」という活動も増えてきています。

〈高齢者の見守りネットワーク〉

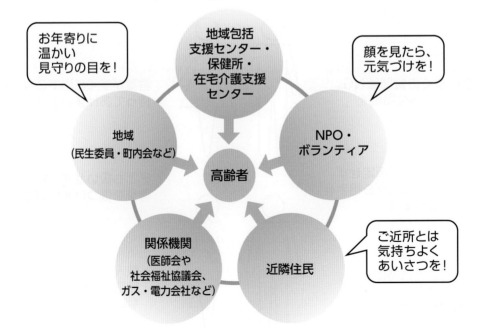

見守りネットワークとは、地域ごとに、高齢者や子どもたちが安心して暮らせるまちづくりを目的として、取り組んでいる運動やコミュニティネットワークのことです。

　主に、独り暮らしなどの高齢者に対して、声かけや見守りを行い、援助が必要な高齢者を発見したら、地域包括支援センターや在宅介護支援センターなどに連絡・相談します。センターはその高齢者の状況を確認し、意向を聞きながら保健・福祉サービスの調整を行い、見守り体制を整えます。

　このような見守り活動は、基本的に【図6-1】に挙げた3つの見守りが相互に連携し合って機能します。ここで最も大切なのは、地域の人が、地域全体での見守りの重要性に気づいて、実際に見守りを行うことです。地域で見守ることができるのは、地域の人です。そのような地域の人と地域包括支援センターなど専門家とがつながり、常日頃からの見守りを行うことが、今後の高齢者の見守りの基本となってくるはずです。

【図6-1】3つの見守りと対応までの流れ

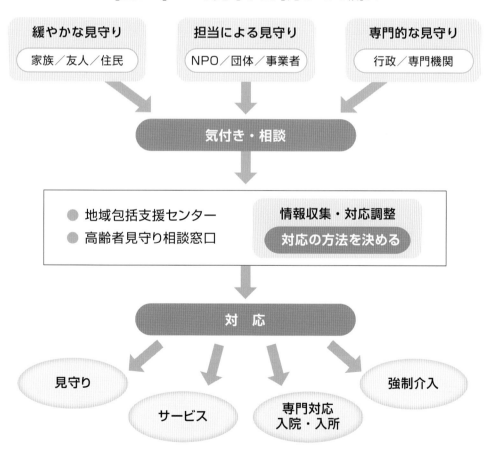

出典：東京都福祉保健局『高齢者等の見守りガイドブック　第3版』

3 地域包括ケア

高齢者が住み慣れた地域で、自分らしい暮らしを人生の最期まで続けることが求められています。それを実現するための「地域包括ケアシステム」について理解しましょう。

地域包括ケアシステムとは

厚生労働省は現在、2025年を目途に、高齢者の尊厳の保持と自立生活の支援を目的として、できるだけ住み慣れた地域で、自分らしい暮らしを人生の最期まで続けることができるような、地域の包括的な支援・サービス提供体制の構築を推進しています。これを「地域包括ケアシステム」といいます。

ここで言われている地域とは、施設や病院ではなく自分の家で生活する、という意味です。また、包括的という言葉は、住まい・医療・介護・予防・生活支援が一体的に提供されるということでもあり、また保健・医療・福祉の専門職が連携して高齢者の支援にあたるということも意味しています。

〈地域包括ケアシステムの姿〉

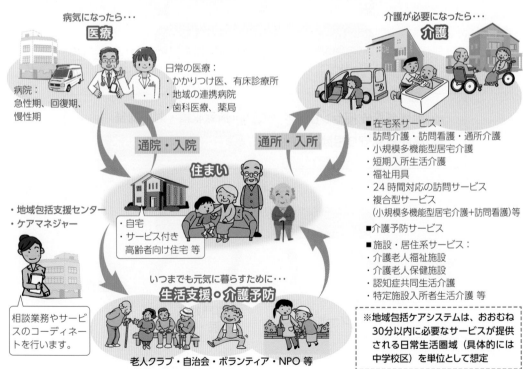

出典：厚生労働省『介護予防・日常生活支援総合事業のガイドライン』

地域包括ケアは保健・医療・福祉の連携から

地域包括ケアが求められるようになった背景には、高齢期の生活にも大きくかかわる、私たちの健康観が変わってきたことがあります。健康観とは、私たちがどのような状態を健康的であると考えるかということです。

かつての健康観では、健康とは医学的な意味において病気ではないことで、健康を実現する方法として医学的な治療、特に病院における施設ケアが優先的に考えられていました。その場合、地域（在宅）でのケアは、患者の効果的な管理に資さない非効率なものとなります。また、医療が中心で、保健（予防）と福祉（介護）は補助的な位置におかれます。

一方で、現代の健康観では、高齢者の健康とは、たとえ持病を抱えていても、適切な処置によって健やかな生活を送れることだと考えられ、患者のQOLが重視されるようになりました。QOLを高めるためには、医療だけでなく、保健・医療・福祉の連携が必要になってきます。

また、高齢者自身も、将来ケアが必要になったときに、病院や介護施設に入所して暮らしたいという希望を持っている人は少数派です。多くの人が、できれば住み慣れた自宅で生活し続けたいという希望を持っています。

〈生活支援や介護が必要となった場合の暮らし方〉

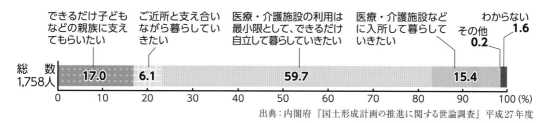

出典：内閣府『国土形成計画の推進に関する世論調査』平成27年度

地域包括支援センター

地域包括支援センターは、2005年の介護保険法改正において、高齢者が住み慣れた地域で安心した生活を続けられるよう、地域での介護予防推進を担う機関として創設され、概ね中学校区に1カ所の水準を目指して設置が進められてきました。その後全国の自治体において、地域包括ケアシステムの構築が目標とされるようになり、現在では、地域包括ケア実現に向けた中核的な機関として位置づけられています。地域包括支援センターは、地域の高齢者の総合相談、権利擁護や地域の支援体制づくり、介護予防の必要な援助などを行い、高齢者の保健医療の向上及び福祉の増進を包括的に支援していくことを目的としています。

4 認知症と地域の課題

　認知症高齢者の数が増加するなか、認知症高齢者が地域で暮らす上での多くの課題が浮上してきています。ここでは、その中でもひとり歩きの認知症高齢者と公共交通機関でのトラブルを取り上げます。

ひとり歩きの認知症高齢者と行方不明の問題

　認知症高齢者の人数は今後も増加し、2025年には約700万人になることが見込まれています。全体の高齢者数の増加とともに、より年齢の高い高齢者が増えてくることで、認知症になりやすい人が多くなることがその背景にあります。

　また、独居高齢者の増加に伴って、ひとりで暮らす認知症高齢者数の増加も予測されています。認知症を抱えて地域で生活をしていると、さまざまな場面でトラブルや事故・事件に直面する可能性が出てきます。

　その一つがひとりで外出した認知症高齢者が行方不明になることです。認知症になると、場所や時間、自分が誰なのかがわからなくなったり、少し前の記憶がなくなったりして、何かのきっかけで自宅を出たあと、迷って帰れなくなってしまうことがあります。

　自宅の周辺をうろうろ歩き回るだけでなく、何キロも離れたところで発見されることもあります。認知症高齢者が行方不明になり、家族などが警察に届け出た数は、2021年には全国で1万7千人を超えました。

　そして、自治体などが行方不明高齢者を保護しても、本人が自分のことを説明できないため、家族の連絡先がわからず、身元不明高齢者になるケースもあります。厚生労働省は、2014年から「身元不明の認知症高齢者等に関する特設サイト」を開設し、家族などへの情報提供を行っています。各地の自治体によっても、「SOSネットワーク」と呼ばれるような、高齢者が外出時に身元不明の状況に陥らないために身元や緊急連絡先を登録する取り組みが始められています。

公共交通機関利用時のトラブル

　認知症高齢者も、日常生活の中で商店や飲食店などの商業施設、あるいはバスや電車といった公共交通機関を利用します。

　その中で、例えば商業施設では認知症を原因とする万引きや無銭飲食、店員や他のお客との口論などといった問題が発生しています。ひとり歩きの認知症高齢者の鉄道事故も大きな問題となりますが、公共交通機関の利用に際しても、さまざまなトラブルが発生しています。

【図6-2】は、公共交通機関の職員が経験したことのある認知症高齢者とのトラブルの上位5つです。

このようなトラブルから、本人の身元がわからなくなってしまったり、けがを負ってしまったりするだけでなく、電車やバスの運行の遅延につながってしまうこともあります。

認知症高齢者が地域で暮らしていく上での課題は、私たち一人ひとりにとっても他人事ではないのです。

【図6-2】認知症高齢者による公共交通機関利用時のトラブル

割合	内容
33.2%	駅・バスターミナルや乗り物の中等で話した際に、会話が通じない
21.6%	駅や電車の車両内、バスターミナル、タクシー乗り場等を歩き回っている
36.5%	行き先がわからなくなる（言えない）
25.0%	駅やバス停などで、ずっと座り込んで動かない
22.1%	駅・バス停や、乗り降りの場面で、転倒する、つまずく

出典：野村総合研究所（2017）平成28年度老人保健事業推進費等補助金（老人保健健康増進等事業分）『認知症の人の責任能力を踏まえた支援のあり方に関する調査研究』報告書p35より

〈ひとり歩きの高齢者で認知症が疑われたら…〉

「いい天気ですね」などとさりげなく声をかけ、「どちらへお出かけ？」など優しくたずねます。

「ここで少し休みませんか？」と優しく、座るように促してください。

長時間歩いて、脱水ぎみの心配があるので、飲み物をすすめてみてください。

警察に連絡し、警察官が来るまでついていてあげるか、交番へ案内しましょう。

5 認知症の人を地域で支えるために

学習の
ポイント

認知症になっても地域で安心して暮らし続けられることが求められています。そのためには、地域住民による見守りと協力によって、認知症の人と家族を孤立させないことが大切です。

認知症の人と家族を孤立させない

認知症になって地域で生活するには、さまざまな課題があります。それでも地域の人たちの見守りと協力があれば、今までと同じように買い物を楽しんだり、どこかへ出かけたりと、安心して地域で暮らすことができます。

家族や周囲の人は、まず、認知症の特徴を知っておくことが大切です。そして、公的な支援の制度や利用できる機関について知っておき、積極的に相談することが大切です。

認知症は誰でもなる可能性があり、家族だけでケアをするのが難しい病気です。地域の人々とつながり、活用できる支援やサービスを知り、孤立したり、抱え込んだりしないことが重要です。

地域包括支援センターでは、保健師・社会福祉士・ケアマネジャーなどの専門職が、生活全般にわたるさまざまな相談に応じています。

近年では、認知症の人や家族が集う「認知症カフェ」や「ケアカフェ」、「家族の会」なども広がりを見せ、医療や介護、生活支援等の情報交換を行っています。他の人の体験談から学ぶことも多く、息抜きにもなり、気持ちが楽になります。最寄りの「認知症カフェ」情報なども地域包括支援センターで得ることができます。

認知症高齢者を地域で見守る

医療と介護、行政の取り組み、そして地域の見守りやサポートの仕組みがあることで、誰もが安心して暮らせる街になります。街を一つにする要は、地域に暮らす一人ひとりの意識と行動です。認知症に関心を持ち、身近な理解者になることで地域のネットワークが築かれます。日頃から近所とつながり、地域とかかわり合って生活することが大切なことです。

その中で自分の地域に認知症が疑われる人がいることに気づければ、早い段階での適切な対応につなげていくことができます。右に挙げた「高齢者見守りポイント」に該当する場合、その人が認知症になっていたり、暮らし・虐待の問題を抱えていたりする可能性があります。該当する人や状態に気づいたら、地域包括支援センターに連絡・相談することで早期対応につながります。

地域共生社会の実現

少子高齢社会の進展と人口減少という、これまでに経験したことのない社会の変化が進みつつある日本においては、保健医療や福祉のニーズも多様化・複雑化しており、従来の分野別・制度別の支援策では対応できないニーズが顕在化しつつあります。さらに、血縁、地縁、社縁といったネットワークも希薄化し、地域が持っていた支える力も弱体化しています。

このような状況において、認知症高齢者のニーズをはじめとする様々な支援のニーズを充足するために、国により新しいアプローチとして掲げられているのが、地域共生社会の実現です。そこで提唱されているのは、これまでの制度や分野ごとの縦割りのサービス提供や、サービスの「受け手」とサービスの「担い手」という区分けを超えていくことで、より新しいつながりを創出していこうというものです。つまり、誰もが受け手になり担い手になれるような共生社会の構築を目指しています。

現在、具体的に進められている施策としては、次のようなものがあります。まずは、多様化・複雑化したニーズに対応するために、専門職が中心となって、どのようなニーズでも断らない支援を可能にする包括的・総合的支援体制づくりが行われています。また、住民が身近な圏域で主体的に様々なニーズに対応できるよう、地域住民と地域の組織・機関をつなぎ、ネットワークを構築することによって、地域力を強化する試みなどが行われています。

高齢者見守りポイント

こんな人、こんな状態を見かけたら、地域包括支援センターに連絡・相談してください。認知症になっていたり、暮らし・虐待の問題を抱えていたりする可能性があります。

❶ 会話のつじつまが合わず、同じ話を何回もする ☐

❷ 身だしなみを構わなくなった ☐
- 髪の毛や髭の手入れがされていない
- 臭くなってきた
- 服装が汚れている
- 季節にそぐわない服を着ている

❸ お店などで小銭が使えず、すぐにお札を出す ☐

❹ 同じものを大量に買ったり、何度も買ったりする ☐

❺ 今まで挨拶していたのに、しなくなった ☐

❻ 近所なのに道に迷っている様子がある ☐

❼ 新聞や郵便物がポストにたまっている ☐

❽ 夜に電気がつかない・昼間なのに電気がついたまま ☐

❾ 同じ洗濯物が何日も干しっぱなし・庭が荒れている ☐

❿ 怒鳴り声が聞こえる・悲鳴がする ☐

第 6 章の確認問題

下に述べられていることの正誤をそれぞれ答えてください。

❶ 組織的、社会的に、相手の能力を高めるように行う支援のことをエンパワメントという。

❷ 65歳以上の高齢者の子どもとの同居率は依然として半数を超えている。

❸ 地域包括ケアが求められるようになったのには、高齢者の健康を捉える健康観の変化と、患者のQOLが重視されるようになったという背景がある。

❹ 家族などが警察に届け出た認知症高齢者の行方不明件数は、2021年には全国で1万7千人を超えた。

❺ 地域共生社会の実現に向けて、サービスの「受け手」と「担い手」をはっきり区分することで、より新しいつながりを創出することが提唱されている。

(答え)　①○　②×　③○　④○　⑤×

実際に検定試験で出題された問題をもとに作成しております

問1 長寿の要因と高齢化に関する次の①～④の記述の中で、最も適切なものを1つだけ選びなさい。

① 日本人は遺伝的に長寿の素因があり、昔から長生きであった。
② 人類が初めて平均寿命50歳の壁を突破したのは、20世紀の初めである。
③ 高齢者人口が全人口の14％以上になると高齢化社会と呼ばれる。
④ ある年齢の人が、その後生存するであろうと思われる年数の平均を「平均寿命」という。

問2 エイジズムに関する次の①～④の記述の中で、<u>最も不適切なものを1つ</u>だけ選びなさい。

① エイジズムは性差別、人種差別に次ぐ第三の差別といわれている。
② 高齢者を否定的にとらえるエイジズムがある一方、高齢者を無条件であがめたり、優遇したりするエイジズムもある。
③ エイジズムは1968年にアメリカのロバート・バトラーがつくった概念である。
④ 否定的なエイジズムは害をもたらすが、肯定的なエイジズムは高齢者にとってプラスになる。

問3 認知症介護に関する次の記述の（　　　）の部分に最も適切な語句を、下記の①～④の中から1つだけ選びなさい。

組織的、社会的に、相手の能力を高めるように行う支援のことを（　　　）という。

① コミュニティケア
② ケアマネジャー
③ エンパワメント
④ 認知症サポーター

解 答

問1 ②   問2 ④   問3 ③

解 説

問1

① × 日本人は遺伝的に長寿の素因があり、<u>昔から長生き</u>であった。
⇒**日本は半世紀あまり前までは短命国でした。**

② 〇

③ × 高齢者人口が全人口の14％以上になると<u>高齢化社会</u>と呼ばれる。
⇒**14％以上になると「高齢社会」と呼ばれます。**

④ × ある年齢の人が、その後生存するであろうと思われる年数の平均を
<u>「平均寿命」</u>という。
⇒**「平均余命」の間違いです。「平均寿命」は現在0歳の人が平均何歳
まで生存するかをいいます。**

問2

① 〇

② 〇

③ 〇

④ × 否定的なエイジズムは害をもたらすが、<u>肯定的なエイジズムは高齢
者にとってプラスになる。</u>
⇒**無条件にあがめたり、優遇したりする肯定的エイジズムは、若年者
や社会全体の力を奪い、結局高齢者にとってもマイナスとなります。**

問3

① × コミュニティケア
⇒**コミュニティケアは、高齢者や障害者の地域での生活を円滑にす
るために行政・福祉・ボランティア・近隣住民が連携して支援す
るというものです。**

② × ケアマネジャー
⇒**ケアマネジャーは、介護を必要とする人が、介護保険サービスを
適切に受けられるようにする介護のスペシャリストです。**

③ 〇

④ × 認知症サポーター
⇒**認知症サポーターは、認知症について正しく理解し、認知症の人
やその家族を見守り、支援する応援者です。**

●アルファベット順　A to Z●

ACP（アドバイス・ケア・プランニング）
――――――― 86
ADL（日常生活動作）――――― 108
βアミロイド ―――――――― 40
BPSD（行動・心理症状）― 41、108
COPD ――――――――――― 63
JAHEAD ―――――――――― 9
JHFAマーク ――――――― 66、67
MCI ―――――――――― 41、75
QOL ―――― 9、20、28、76、113
SAS ――――――――――― 60
ＳＦ商法 ―――――――――― 99
SOSネットワーク ――――― 114

● 50 音順 ●

あ

悪質商法 ――――――――― 98
悪性新生物（がん）――――― 68
握力 ――――――――― 59、76
浅い睡眠 ―――――――― 35、60
脚の筋力 ――――――――― 59
アドボカシー ――――――― 108
アルコール ―――――――― 62
アルツハイマー ――――― 40、75
アルブミン ―――――― 57、70、71
安全資産 ―――――――――― 14

い

生きがい ―――― 18、19、48、50
遺族年金 ―――――――――― 91
一次予防 ―――――――――― 69
医療機関の種類 ――――――― 65
医療と介護の連携 ―――――― 64
医療費 ―――――――― 21、92、93
医療費増大 ――――――― 92、93
医療費適正化 ―――――――― 93
医療保険 ――――― 88、89、92、94
医療保険制度 ――――――――― 92
インフォームド・コンセント ― 64、87
インフラ ――――――――― 11、53

う

ウェル・ビーイング ――― 20、21
うつ ―― 9、27、34、35、41、47、71、
　74、75、103
運転寿命 ――――――― 102、103
運動機能 ――――――――― 29、59
運動器 ―――――――― 35、72、84
運動習慣 ――――――――――― 58

え

エイジズム ――――――――― 45
エイジング ―――――――― 21、26
栄養機能食品 ―――――――― 66
エピソード記憶 ―――――――― 74
エリック・エリクソン ―――― 23
嚥下障害 ――――――――― 76、77
円背 ――――――――――――― 59
エンディングノート ――――― 86
エンパワメント ―――――― 108
延命治療 ―――――――――― 86

お

オーラルフレイル ―――――― 76
お酒 ――――――――― 31、62
オレオレ詐欺 ――― 15、100、101
温度 ―――――――――― 61、84

か

介護等放棄（ネグレクト）――― 96、97
介護保険 ― 64、69、84、85、88、89、
　94、104
介護予防 ―― 29、49、65、68、69、95
介護予防・日常生活支援総合事業 ― 95
概日リズム ――――――――― 27
開発途上国 ――――― 10、11、70
かかりつけ医 ―― 64、69、93、112
かかりつけ歯科医 ―――― 65、93
架空請求詐欺 ――――― 100、101
核家族化 ―――――――――― 90
拡張期血圧 ――――――――― 35
家計簿 ―――――――――― 74
片足バランス立ち ―――――― 76
家庭裁判所 ――――――― 104、105
家庭内事故 ――――――――― 84
カテコールアミン ――――――― 60
かむ力 ――――――――― 76、77
通いの場 ――――――――― 49、69
加齢 ― 15、17、22、23、26、28、30、
　35、36、37、38、39、40、58、60、
　61、72、76、84
がん ― 35、62、63、64、65、67、68、
　88、89
肝機能 ――――――――――― 27
がん検診 ――――――――――― 65
関節可動域 ――――――――― 27
感染症 ―――――――― 34、35、60
感染症予防の３原則 ――――― 35
還付金等詐欺 ――――― 100、101

き

記憶障害 ――――――― 35、75、108
聞こえにくい（聴覚障害）――――― 34

義歯 ――――――――――――― 77
亀背 ――――――――――――― 59
気付き ―――――――――― 110
機能性成分 ――――――――― 67
キャラバン・メイト ―――― 109
休養 ――――――――― 35、60
居宅サービス ―――――――― 104
禁煙外来 ―――――――――― 63
禁煙補助剤 ――――――――― 63
金融資産 ―――――――――― 14
金融老年学（ファイナンシャル・ジェロ
　ントロジー）――――――――― 16
筋力トレーニング ―――――― 59

く

クーリング・オフ ―――――― 99
クオリティー・オブ・ライフ ―― 20

け

ケア ―― 21、41、64、108、113、116
ケアマネジャー ――――― 112、116
計画力 ―――――――――――― 74
経済的虐待 ――――――― 96、97
軽度認知障害（MCI）――――― 41、75
血圧 ―――――― 27、35、60、61
結果重視 ――――――――――― 49
結晶性知能 ―――――――― 38、39
健康寿命 ―――――――――― 15
健康食品 ―――――― 56、66、67、99
健康診断 ――――――――――― 65
健康づくり ――――――― 31、58、69
健康被害 ――――――――――― 66
健康余命 ――――――――――― 56
言語性知能 ―――――――― 38、39
健診 ――――――――― 64、65、69
権利擁護 ――――――――― 113

こ

後期高齢者医療健康診査 ――― 65
後期高齢者医療制度 ――― 65、69、92
口腔機能 ――――――――――― 76
口腔ケア ――――――― 65、76、77
高血圧 ――――― 31、35、60、65、79、80
後見人 ―――――――― 104、105
厚生年金 ―――――――― 90、91
抗酸化成分 ――――――――― 67
行動・心理症状（BPSD）― 41、97、
　108
高齢化社会 ――――――――― 10
高齢期のうつ予防 ――――――― 75
高齢期の感覚・知覚 ――――― 38
高齢期の記憶 ――――――――― 36
高齢期の疾病 ――――――――― 34
高齢期の心理 ――――――――― 36

高齢期の知能 ——————— 38
高齢社会 ——————————— 8
高齢者虐待 ————— 45、96、97
高齢者虐待防止法 ————— 96
高齢者専用賃貸住宅 ———— 85
高齢者に多い疾病の特徴 —— 34
高齢者の経済力 —— 12、13、14
高齢者の健康 ——————— 113
高齢者の社会貢献（プロダクティビティ）の内容 ——————— 21
高齢者の「住まい」の種類 ——— 85
高齢者の尊厳 —— 44、96、97、112
高齢者の貯蓄状況 ————— 12
高齢人口 ————————— 11
誤嚥性肺炎 ————— 76、77
国民医療費 ———————— 92
国民皆保険 ———————— 92
国民健康保険 ————— 69、92
国民年金 ————————— 90
国民年金基金 —————— 90
国民年金保険料 ————— 91
骨折 — 28、34、35、59、68、70、72
骨粗しょう症 —— 27、35、67、72
骨盤底筋 ————————— 73
コミュニケーション —— 44、45、77
コミュニティビジネス ———— 19
孤立予防ツール —————— 47
コルチゾール ——————— 60
コレステロール — 35、57、70、71
コンパクトシティ ————— 53

さ
サーチュイン ——————— 26
サーツー ————————— 26
サービス付き高齢者向け住宅 – 85、112
財産管理 —————— 104、105
催眠商法（ＳＦ商法） ———— 99
作動記憶（ワーキングメモリ）— 37
サプリメント ————— 66、67
サルコペニア ——————— 56

し
ジェネリック医薬品 ———— 93
ジェロントロジー ————— 22
視覚 ——————————— 38
視覚障害 ————————— 35
自殺 ————————— 35、74
資産寿命 ————— 15、16、17
脂質 ——————————— 57、58
脂質異常症 ————— 35、65
姿勢 ————————— 45、59
施設ケア ———————— 113
施設サービス —————— 104
自治会 —————— 49、50、112
自伝的記憶 ———————— 37
シニアマーケット ———— 12、45
死亡保険 ————— 88、89
死亡率 —————— 10、35、65
市民参加 ————————— 48
視野 ————————— 22、35
社会貢献 — 8、18、19、20、21、105
社会参加 ————— 29、31、69
社会的孤立 ———— 34、47
社会的役割 ———— 33、36

終活 ——————————— 86
収縮期血圧 ———————— 35
終身保険 ————— 88、89
住宅改修 ————— 84、85
収入保障保険 ——— 88、89
周辺症状 ————————— 41
主観的幸福感 ——— 9、20
受給資格期間 —————— 91
主体的「個人」 —————— 48
手段的自立 ———————— 33
出生率 —————— 10、53
寿命 — 10、14、15、16、17、20、26
生涯発達 ————— 23、26、39
生涯発達理論 —————— 23
少産 ——————————— 10
少死 ——————————— 10
少子高齢化 ———————— 13
脂溶性ビタミン —————— 67
消費者庁 ————————— 67
消費者保護ルール ———— 99
食育 ——————————— 21
自立とは ————————— 29
視力 —— 38、72、73、84、102
シルバー人材センター ——— 18
腎機能 —————————— 35
心疾患 —————————— 68
身体活動 ————— 59、72
身体的虐待 ————— 96、97
腎・泌尿器疾患 ————— 35
心理的虐待 ————— 96、97
診療所 —————————— 65

す
睡眠時無呼吸症候群（SAS）— 60
睡眠障害 ————— 27、35、41
ストレスコントロール ———— 60
ストレスホルモン ————— 60
住まいと健康 —————— 78

せ
成果主義 ————————— 49
生活環境病 ————— 80、81
生活機能 —— 8、27、28、29、33、34、57、58、65、68、71
生活習慣病 —— 28、31、34、58、64、65、67、79、92、93
生活体力 ————————— 59
生活の質（QOL） — 9、20、28、29、72
生活満足度 ———————— 9
成熟したパーソナリティ ——— 36
性的虐待 ————— 96、97
成年後見制度 —————— 104
成年後見人 ———— 104、105
生命保険 ———— 14、88、89
生理的老化 ————— 26、27
セカンド・オピニオン ———— 64
脊椎椎体骨折 —————— 35
選択的注意 ———————— 37
前立腺肥大症 —————— 35

そ
相続 ——————————— 86

ソーシャル・キャピタル ——— 53
咀嚼能力 ————————— 56
損害保険 ————————— 88

た
第1号被保険者 ——— 90、91、94
第2号被保険者 ——— 90、91、94
第3号被保険者 ——— 90、91
「第一分野」の保険 ———— 88
「第二分野」の保険 ———— 88
「第三分野」の保険 ———— 88
体重減少 ————— 32、71
代理権 ————————— 105
正しい入浴法 —————— 61
タバコ —————— 31、62、63
短期記憶 ————— 36、37
短期入所 ———————— 112
断熱改修 —— 78、79、80、81
たんぱく質 — 40、56、57、70、71、72

ち
地域活性化 ———————— 50
地域活動 ————— 48、59
地域コミュニティ ————— 49
地域支援事業 ——— 69、95
地域デビュー ———— 50、51
地域包括ケア —— 69、112、113
地域包括支援センター —— 95、111、112、113、116、117
地域密着型サービス ———— 95
知的能動性 ———————— 33
注意機能 ————— 36、37
注意分割 ————— 37、74
中核症状 ————————— 41
聴覚 ——————————— 38
聴覚障害 ————————— 34
長期記憶 ————— 36、37
長寿 ———— 10、14、15、20、89
長寿遺伝子 ———————— 26
町内会 —————— 49、50
聴力 ——————————— 84

つ
通所介護 ———————— 112
次々販売 ————————— 98
つながり — 46、47、48、49、53、110

て
低栄養 ————— 70、71、72
定期巡回・随時対応型訪問介護看護 — 85、95
テーマ・コミュニティ ———— 49
適度な運動 ————— 58、59
点検商法 ————————— 99
転倒 — 28、34、35、47、58、59、68、70、72、73、84
転倒予防 ————— 58、72
電話勧誘販売 —————— 98

と

動作性知能 ——————— 38、39
糖尿病 ——————— 31、35、60、65
動物性たんぱく質 ——————— 57、71
特定機能病院 ——————————— 65
特定健康診査 ——————————— 65
特定疾病 ——————————————— 94
特定商取引法 ——————————— 99
特定保健指導 ——————————— 65
特定保健用食品（トクホ） ——————— 66
特別養護老人ホーム ——————— 85、95
トクホマーク ——————————— 67
独居高齢者 ————————————— 114
閉じこもり ——— 31、34、69、73、74

に

二次予防 ——————————————— 69
日常生活動作 ——————— 75、108
入浴 ——— 35、59、60、61、84
尿失禁 ——————— 27、35、72、73
尿失禁の予防・改善 ——————— 73
尿もれ ——————————————— 73
任意後見監督人 ———————— 105
任意後見契約 ————————— 105
任意後見制度 ———————— 104、105
任意後見人 ——————————— 105
認知症 ——— 17、34、35、40、41、68、
　74、75、77、94、97、103、104、105、
　108、109、114、115、116、117
認知症ケア ——————————— 108
認知症ケア専門士 ——————— 109
認知症サポーター ——————— 109
認知症の症状 ——————— 41、74、97
認知症の予防 ——————————— 77

ね

ネグレクト ——————————— 97
年金 ——— 13、88、90、91、94、101
年金額 ——————————— 91、94
ねんきん定期便 ————————— 91

の

脳血管疾患 ——————— 10、68
脳血管性認知症 ——————— 40
脳卒中 ——————————— 61、68
ノーマルエイジング ——————— 26
ノンレム睡眠 ——————————— 60

は

パーソン・センタード・ケア ——— 108
廃用症候群 ——————————— 28
白内障 ——————————————— 35
パラダイムシフト ——————— 48、49
バランス感覚 ——————— 58、59
バランス能力 ——————————— 59
バリアフリー ——————— 72、84
判断能力 ———————— 104、105

ひ

ヒートショック ——————————— 84

ビタミン ——————— 56、57、66、67
被用者保険 ——————————— 92
病的老化 ——————————— 26、60
貧血 ——————————————— 27
頻尿 ——————————————— 34、35

ふ

フィトケミカル（機能性成分） — 67
フードデザート ——————————— 52
フードファディズム ——————— 56
深い睡眠 ——————————— 35、60
腹圧性尿失禁 ——————— 27、73
複合型サービス ——————— 112
副作用 ——————— 64、67、73、93
不眠 ——————————— 35、60
振り込まない詐欺 ————————— 100
振り込め詐欺 ————————— 100、101
フレイル ——————— 30、31、32、33
プロセス重視 ——————————— 49
プロダクティビティ ——————— 21
プロダクティブ・エイジング ——— 21

へ

平均寿命 ——————— 10、15、20
平均余命 ——————————————— 10
平準定期保険 —————————— 88
ベビートーク —————————— 44

ほ

法定後見制度 ———————— 104、105
訪問看護 ——————— 64、95、112
ポール・バルテス ——————— 23
保健機能食品 ————————— 66
保険とは ——————————— 88
保険料 ——————— 88、89、90、91、94
保佐人 ——————————————— 105
補助人 ——————————————— 105
骨・運動器疾患 ——————— 35
歩幅 ——————————————— 27
ボランティア活動 ——— 21、49、51、59

ま

毎日食べたい10食品群 ——————— 71
慢性閉塞性肺疾患 ——————— 63

み

味覚 ——————————————— 27、38
ミネラル ——————————— 66、67
見守りシステム ——————————— 47
見守りネットワーク ——— 47、110、111
見守り力 ——————————— 110

む

無料商法 ——————————————— 98

め

目のかすみ ——————————— 35
メタボリックシンドローム ——— 31、65

も

妄想 ——————————————————— 41
物忘れ ——————— 35、40、74、75

や

夜間対応型訪問介護 ——————— 95

ゆ

有酸素運動 ——————— 31、58
融資保証金詐欺 ————— 100、101
有料老人ホーム ——————— 85

よ

要介護者 ——————— 68、84、94
要介護状態 ——— 28、31、68、69、84、
　94、95
要支援 ——— 8、29、65、84、94、95
要支援者 ——————————— 94、95
腰痛 ——————————————————— 34

り

リスク資産 —————————————— 15
リフの6つの条件 ——————— 36
流動性資産 —————————————— 12
流動性知能 ——————————— 38、39

れ

レビー小体型認知症 ——————— 40
レミニッセンス・バンプ ——————— 37
レム睡眠 —————————————— 60

ろ

老化 ——— 23、26、27、34、35、57、
　59、60、62、63、67、70、74、76
老化予防 ——————————— 31、56
老会話 ——————————————— 45
老眼 ——————————————— 27、38
老研式活動能力指標 ——————— 33、57
老年学 ——————— 16、22、23
老年学の課題 ————————— 22
老年症候群 ——— 28、29、30、34、64
ロコモティブシンドローム ——— 29、30
ロバート・バトラー ——————— 45

わ

ワーキングメモリ ——————— 37
ワークシェアリング ——————— 13

すぐわかる！ ジェロントロジー

ジェロントロジー検定試験　新公式テキスト　改訂版

2019 年 6 月 1 日	初　版第 1 刷発行	
2021 年 2 月 16 日	第 2 刷発行	
2021 年 5 月 25 日	第 3 刷発行	
2023 年 7 月 10 日	改訂版第 1 刷発行	

編著者 ── 一般社団法人 日本応用老年学会 検定委員会・改訂委員会
発行者 ── 髙本哲史
発行所 ── 株式会社社会保険出版社
〒 101-0064　東京都千代田区神田猿楽町 1-5-18
TEL　03（3291）9841（代）
FAX　03（3291）9847

本書についての追補等の情報は、当社ホームページに掲載します。
（社会保険出版社ホームページ https://www.shaho-net.co.jp）

ISBN-978-4-7846-0367-1 C3036